Jüdische Küche

Jüdische Küche

Elizabeth Wolf Cohen

KÖNEMANN

Originalausgabe © 1993 Quintet Publishing Limited
6 Blundell Street
London N7 9BH

Originaltitel: New Jewish Cooking

Creative Director: Richard Dewing
Senior Editor: Laura Sandelson
Designer: Pete Laws
Editor: Beverly Le Blanc
Photographer: Trevor Wood

Übersetzung aus dem Englischen: Uta Angerer, München
Redaktion der deutschen Ausgabe: Helga Willinghöfer, Köln
Satz der deutschen Ausgabe: Birgit Beyer, Köln

Druck und Bindung: Midas Printing Limited
Printed in Hong Kong

ISBN 3-8290-4799-1

10 9 8 7 6 5 4 3 2 1

Inhalt

EINLEITUNG

Die jüdische Küche, die sich durch ihre internationale Verbreitung und die traditionsreichen Speiseregeln auszeichnet, ist eine der interessantesten und abwechslungsreichsten Küchen der Welt. Vor vielen Jahrhunderten wurden die Juden aus Palästina vertrieben. Sie hatten keinen eigenen Staat mehr. Wo immer sich die Juden in der ganzen Welt ansiedelten, übernahmen sie die jeweilige Landesküche und verwendeten heimische Zutaten. Obwohl sie die Vorschriften der koscheren Küche einhielten und ihre Festtagstraditionen nicht aufgaben, entwickelte doch jede jüdische Gemeinschaft Gerichte, die dem Land entstammten, in das sie eingewandert waren. So verwendeten beispielsweise die Juden im Nahen Osten Reis und Gewürze, »exotische« Gemüse und Olivenöl, und die osteuropäischen Juden legten als Vorrat für die langen Winter Heringe in Salz ein und ließen das Fett von Gänsen und Hühnern aus, um damit herzhafte Eintöpfe und Kartoffel-Kugels zuzubereiten.

Das wichtigste Unterscheidungsmerkmal zwischen der jüdischen Küche und jeder anderen Kochtradition ist das Prinzip des Kaschrut, der jüdischen Speisevorschrift, die im allgemeinen als »koschere Küche« bekannt ist. Die Vorschriften des Kaschrut stammen aus der Bibel und dem Talmud und stellen ein schriftliches Regelwerk dar. Einige dieser Regeln haben offensichtliche Gründe, andere scheinen willkürlich zu sein, aber sie tragen fast immer den Traditionen des jeweiligen Landes Rechnung. Manche behaupten, diese alten religiösen und symbolischen Rituale seien entwickelt worden, um die Besonderheit der Juden und ihre Einheit mit Gott zu betonen. In jedem Fall wurden aus diesen Regeln strikte Vorschriften abgeleitet, wie Speisen ausgewählt und zubereitet werden müssen und wie sie an den jeweiligen Festtagen serviert werden sollen. Dadurch entsteht die besondere Eigenart der jüdischen Küche.

Ganz allgemein betrachtet gibt es zwei verschiedene Gruppen von Juden, die Aschkenasim und die Sephardim, wobei es allerdings jeweils Untergruppen gibt und die Grenzen fließend verlaufen. Die aschkenasischen Juden stammen aus mittel- und osteuropäischen Staaten wie Österreich, Deutschland, Ungarn, Polen und der ehemaligen Sowjetunion. Da die Sowjetunion sehr groß war, haben einige der nahe der türkischen und iranischen Grenze lebenden Juden Kochtraditionen, die eher denen ihrer sephardischen Nachbarn ähneln.

Die sephardischen Juden stammen aus Spanien, Portugal und dem Nahen Osten. Während der spanischen Inquisition gegen Ende des 15. Jahrhunderts wurden viele Juden aus Spanien und Portugal vertrieben. Einige von ihnen flohen nach Holland, während andere in den Nahen Osten zurückkehrten. Es ist bemerkenswert, daß die Zubereitung langsam gekochter Eintöpfe für den Schabbat bei den Spaniern als Kennzeichen der Juden galt und ein Grund für ihre Ausweisung sein konnte.

Die aschkenasische Küche ist im allgemeinen mild und raffiniert gewürzt, typisch für sie sind wohlabgeschmeckte, lang gekochte Rind- oder Lammfleischgerichte mit Zwiebeln, Paprika und nur wenig Knoblauch. Die am häufigsten verwendeten Kräuter sind Petersilie, Dill und ab und zu auch Schnittlauch. Meerrettich dient als würzende Beilage zu Fleisch, Fisch und grundsätzlich zu Gefilte Fisch; eingelegte Gemüse und Essiggurken sind sehr beliebt. Die Kombination aus Essig, Zitronensaft oder Sauerrahm und Salz mit Zucker oder Honig ergibt einen süß-sauren Geschmack, den in Deutschland, Ungarn, Polen und den Staaten der ehemaligen Sowjetunion Gerichte wie süßsaurer Kohl oder gefüllter Kohl haben.

Ein großer Teil der mitteleuropäischen Küche basierte auf ausgelassenem Gänse- oder Hühnerfett und geräuchertem oder gesalzenem Fisch, weil diese Zutaten billig und überall zu haben waren. Schon kurz nach der Einführung der Kartoffeln aus der Neuen Welt wurden diese so beliebt wie heute Eiernudeln. Kartoffeln sind charakteristisch für die aschkenasische Küche, sie bilden die Grundlage für zahlreiche Gerichte wie Kreplach und Kugels. Auch Gerste, Linsen und Buchweizengrütze sind häufige Zutaten.

Österreichische, ungarische und deutsche Juden sind für ihre Backwaren berühmt. Während der großen Immigrationswelle Ende des 19. Jahrhunderts, als viele Europäer in die Vereinigten Staaten einwanderten, gründeten deutsche Juden Bäckereien in ihrem neuen Heimatland. Sie verkauften Strudel, Kuchen und Hefegebäck, Bagels, Challah und anderes Brot, und seither gilt dieses Gebäck als typisch für die amerikanischen Juden.

Obst und Gemüse werden in der aschkenasischen Küche reichlich verwendet, weil sie neutral sind und sowohl mit Fleischgerichten als auch mit Gerichten, die Milch enthalten, gegessen werden können.

Charakteristisch für die sephardische Küche ist im allgemeinen die Verwendung von Olivenöl, Zitrone, Knoblauch sowie intensiven und oft sehr scharfen Gewürzen. Die griechischen und türkischen Juden benutzen frische Kräuter wie Dill und Korianderkraut, während die nordafrikanischen Juden Kreuzkümmel und getrockneten Ingwer bevorzugen. Fast alle sephardischen Juden verwenden Zimt sowohl für pikante als auch für süße Gerichte.

Das bevorzugte Fleisch in den Küchen der meisten Sephardim ist Lamm, Salzwasserfische werden den Süßwasserfischen vorgezogen. Im ganzen Nahen Osten und in einigen Mittelmeerländern ißt man flache Brote wie Pita und außerdem Oliven, Auberginen, Zucchini, Artischocken, Tomaten, Paprikaschoten und Bohnen. Nachspeisen spielen in der sephardischen Küche keine so große Rolle wie in der aschkenasischen, aber Eier- oder Phyllo-Teig mit Walnüssen, Mandeln, Zimt und Rosen- oder Orangenblütenwasser sind beliebter als Süßspeisen auf der Basis von Milchprodukten.

Besonders raffiniert ist die Küche in Marokko, denn sie steht unter dem Einfluß von vielen Jahren französischer Besatzung und verbindet die Gewürze und Zutaten der sephardischen Tradition mit der Raffinesse der französischen Küche. Sie ist würzig und aromatisch und verwendet großzügig Safran, Zitronensaft, in Salz eingelegte Zitronen, Knoblauch, Koriander und »süße Gewürze« – Zimt, Muskatnuß, Ingwer, Muskatblüte und Piment. Joghurt ist im gesamten Na-

Ein Jemenite mit den typischen *Peyot* (Schläfenlocken) – Jemeniten sind die einzigen aussereuropäischen Juden, die sie tragen.

hen Osten beliebt, und Tahini, eine Sesampaste, spielt in der Küche des östlichen Mittelmeerraums und in Ägypten eine wichtige Rolle.

Die Juden in Italien, von denen die meisten in einem der ältesten Viertel von Rom leben, kochen weitgehend in der sephardischen Tradition. Allerdings variieren sie die vielen Pasta-Gerichte der italienischen Küche nach ihrem Geschmack und verwenden die traditionellen italienischen Kräuter Rosmarin, Salbei und Basilikum.

In Indien wird die sephardische Tradition durch exotische Zutaten und Gewürze wie Kreuzkümmel, Zimt, Kurkuma, Kardamom, Koriandersamen, Knoblauch, Ingwer, Chili und Korianderkraut erweitert. Die indischen Juden teilen sich in drei Gruppen auf: die Bene-Israel-Juden, die hauptsächlich in Bombay leben, die Juden von Cochin an der Malibar-Küste und die erst in jüngerer Zeit eingewanderten Juden aus dem Irak. Diese kamen im 19. Jahrhundert nach Indien und siedelten in Bombay und Kalkutta. Die irakischen Juden haben die vertrauten frischen Kräuter und Gemüse mit den Gewürzen und Delikatessen der indischen Küche kombiniert.

Die Gründung Israels nach dem Zweiten Weltkrieg hatte enormen Einfluß auf die jüdische Küche. Die Israelis machten große technische Fortschritte in der Landwirtschaft, der Nahrungsmittelproduktion und der Zubereitung von koscherer Fertigkost. Gegenwärtig vollzieht sich in Israel auf dem Gebiet der Ernährung eine spannende und revolutionäre Entwicklung, angeführt von einer neuen Generation von Restaurantköchen, die sich bemühen, die alten Traditionen mit neuer Technologie und der großen Auswahl an verfügbaren Zutaten zu verbinden.

Unter den Siedlern, die seit 1949 in den neuen jüdischen Staat strömten, waren auch jemenitische Juden aus dem arabischen Raum. Weil sie so lange getrennt von der übrigen jüdischen Welt lebten, haben sie viele der alten Bräuche und Rezepte in reiner Form bewahrt. Ihre interessanten und gut gewürzten Gerichte, in denen Kreuzkümmel, Kurkuma, Knoblauch, frischer Koriander und Zhug, eine scharfe Chili-Paste, verwendet werden, finden Eingang in die israelische und jüdische Küche.

Die ständigen Veränderungen und Entwicklungen bei den Völkern des Nahen Ostens und besonders in Israel bringen es mit sich, daß die jüdische Küche vielfältiger wird und sich weiterentwickelt, ohne ihre Traditionen und Rituale zu vergessen. All diese Faktoren wirken zusammen und ergeben eine der interessantesten und originellsten Küchen der Welt.

KASCHRUT – SPEISEVORSCHRIFTEN

Kaschrut, die jüdischen Speisegesetze für koschere, also reine und richtige Ernährung, sind lang und teilweise recht kompliziert. Sie gründen sich auf ein göttliches Gesetz, und ihre Wurzeln liegen in der Bibel und dem Talmud, der jüdischen Lehre. Koschere Ernährung ist eine Lebensweise, bei der die Speisen entsprechend den traditionellen jüdischen Ritualen und Gesetzen ausgewählt, zubereitet und kombiniert werden. Kaschrut zeigt deutlich, wie wichtig Kochen und Essen im Leben der Juden ist!

FLEISCH (FLEISCHIGES) UND GEFLÜGEL

In der Torah, der jüdischen Bibel, lautet die Definition für koschere Tiere, daß sie Vierfüßler sein müssen, die ihre Nahrung wiederkäuen und gespaltene Hufe haben: Rind-, Kalb-, Lamm-, Reh- und Ziegenfleisch sind koscher, Schweinefleisch nicht. Auch das Fleisch von Pferden, Kamelen, Kaninchen oder Hasen ist nicht koscher. Geflügel ist koscher, Raubvögel, frisch geschossene Fasane, anderes Wildgeflügel und Aasfresser sind es nicht. Auch die Traditionen des Landes sind wichtig bei der Bestimmung dessen, was koscher ist. Manche nahöstliche Juden essen keine Gänse, weil sie »auf dem Land und dem Wasser leben«, während bei osteuropäischen Juden Gänse ein fester Bestandteil des Speiseplans sind.

Damit Fleisch und Geflügel koscher sind, müssen sie von einem ausgebildeten *shohet*, einem Schlachter, auf traditionelle Weise geschlachtet werden. Mit einem speziellen, rasiermesserscharfen und glatten Messer, das zweimal so lang ist wie die Kehle des Tieres breit, werden mit einem Schnitt Drosselvene, Luftröhre, Speiseröhre und zwei Vagusnerven durchtrennt, was dem Tier so wenig Schmerzen und Leiden wie möglich bereitet. Auch die Klauen und die Haut der Füße müssen entfernt werden.

Da die Torah das Essen von Blut verbietet, muß das Tier so gut wie möglich ausbluten. Aus diesem Grund wird auch vor dem Kochen noch einmal soviel Blut wie möglich aus dem Fleisch gezogen. Das wird gewöhnlich vom Metzger erledigt, man kann es aber auch zu Hause tun, um sicherzustellen, daß das Blut völlig entfernt wurde. Erst wird das Fleisch oder Geflügel eine halbe Stunde lang in einem speziell dafür bestimmten Gefäß in kaltem Wasser eingeweicht. Dann wird es abgespült und gleichmäßig mit grobem Salz, auch Koschersalz genannt, eingerieben und für eine Stunde auf ein perforiertes Abtropfbrett gelegt. Danach wird das Salz abgeschüttelt und das Fleisch oder Geflügel dreimal abgespült. Hackfleisch sollte entweder bereits koscher gekauft werden oder erst durchgedreht werden, nachdem es koscher gemacht wurde.

Leber und Hühnerleber müssen eingesalzen und auf einem Rost oder über einem offenen Feuer gebraten werden, um das Blut vollständig zu entfernen und das Fleisch gut durchzubraten. Herzen werden aufgeschnitten, alle Adern entfernt und das Blut ausgespült, bevor sie eingeweicht und gesalzen werden. Heute ist Fleisch, wenn man es kauft, in der Regel bereits vor dem Einsalzen koscher gemacht.

BEI DEN REZEPTEN IN DIESEM BUCH WIRD DAVON AUSGEGANGEN, DASS FLEISCH UND GEFLÜGEL BEREITS VORSCHRIFTSMÄSSIG KOSCHER BEHANDELT WURDEN. DAHER WURDEN DIESE ANWEISUNGEN NICHT IN JEDES REZEPT AUFGENOMMEN. WENN BUTTER ODER MARGARINE ANGEGEBEN SIND, DANN SOLLTE ZUR KOSCHEREN ZUBEREITUNG PFLANZENMARGARINE VERWENDET WERDEN. HÜHNERFETT KANN DURCH EIN PRODUKT AUF PFLANZENFETTBASIS ERSETZT WERDEN. SPEISEN UND ZUTATEN, DIE FÜR DAS PESSACHFEST BESTIMMT SIND, SOLLTEN VORSCHRIFTSMÄSSIG KOSCHER SEIN.

Bestimmte Teile eines Tiers sind nicht koscher und werden daher von Juden nicht gegessen. Nur die Vorderviertel der erlaubten Vierfüßler dürfen verzehrt werden. Das Fleisch des hinteren Viertels kann koscher gemacht werden, indem man alle Adern und Sehnen entfernt, aber das ist zeitaufwendig und teuer, daher tut man dies selten.

FISCH UND SCHALENTIERE

Nicht alle Fische sind koscher, sondern nur solche, die Schuppen und Flossen haben. Schalentiere, Krebse, Aale und Fische ohne echte Schuppen, wie etwa Wels, Hai, Steinbutt und Stör (daher leider auch Kaviar) sind nicht koscher. Es ist nicht nötig, Fisch koscher zu machen, denn Fisch ist *pareve,* also neutral.

FLEISCH UND MILCH

»Koche nicht ein Böcklein in der Milch seiner Mutter« (5. Buch Mose, 14.20) ist die Grundlage für das Verbot, Fleisch und Milch oder Milchprodukte gleichzeitig zu essen. Zugleich wurde so auf symbolische Weise die heidnische Sitte des Tieropfers abgelehnt, und außerdem glaubte man damit Verstopfungen verhindern zu können. Bis heute ist es in manchen jüdischen Gemeinschaften üblich, daß man nach einer Fleischmahlzeit sechs Stunden lang wartet, ehe man Nahrungsmittel, die Milch enthalten, zu sich nimmt. Nach einem Gericht mit Milch ist allerdings nur eine Stunde Wartezeit nötig.

Wer diese Gesetze befolgen will, besitzt getrennte Kochgeräte, Töpfe, Geschirr, Besteck und sogar Geschirrspülmaschinen! (Glas kann sowohl für Fleisch als auch für Milch benutzt werden, da es nicht porös ist). Milch und Fleisch sollten getrennt aufbewahrt werden und auch im Kühlschrank nicht zusammenkommen. Gerichte mit Milch oder Milchprodukten, wie Butter, einige Margarinesorten, Käse oder Joghurt, nennt man milchig. Fleisch- und Geflügelgerichte heißen fleischig. (Milchersatzprodukte wie etwa Sojamilch können für Cremes, Soßen oder ähnliches verwendet werden.)

GETROCKNETE FRÜCHTE UND NÜSSE – CHARAKTERISTISCHE ZUTATEN DER SEPHARDISCHEN KÜCHE.

NEUTRALE SPEISEN

Speisen, die weder Fleisch noch Geflügel oder Milchprodukte sind, werden als neutral oder *pareve* bezeichnet. Obst und Gemüse, Fisch, Eier, Pflanzenöle und Pflanzenmargarine dürfen mit Fleisch oder Milch gegessen werden. Eier müssen allerdings auf Blutflecke untersucht werden, denn diese zeigen an, daß das Ei bereits befruchtet wurde und daher aussortiert werden muß. Es ist immer ratsam, ein Ei erst über einer Untertasse aufzuschlagen, ehe man es in ein Gericht gibt.

KÄSE UND GELATINE

Natürliches Lab, das bei der Käseherstellung benutzt wird, um die Milch gerinnen zu lassen, wird aus dem Magen eines Wiederkäuers – meistens der Kuh – hergestellt. Daher sind die meisten Käse nicht koscher. Viele vegetarische Käse allerdings sind mit Lab-Ersatzprodukten gemacht und können daher gegessen werden. Neue koschere Käsesorten werden immer häufiger angeboten. Das gleiche gilt für Gelatine, die aus Tierknochen hergestellt wird. Koschere Gelatine stammt aus Riementang und ist ein erlaubter Ersatzstoff. Auch vegetarisch lebende Nichtjuden bevorzugen koschere Milchprodukte, weil diese auf pflanzlicher Basis hergestellt sind.

ALKOHOL

Wein wird von den Juden seit biblischer Zeit getrunken und ist Teil des Rituals am Schabbat und an anderen Feiertagen. Weine und Spirituosen, die Wein, vergorene Trauben und/oder Brandy enthalten, müssen mit dem Etikett »koscher« versehen sein. Um koscher zu sein, müssen die Trauben unter offizieller Aufsicht geerntet und verarbeitet worden sein. Heute stellen Kalifornien, Israel, Frankreich und andere weinproduzierende Länder koschere Weine von hoher Qualität her. Auch Obst- und Kornschnäpse sind erlaubt.

KOSCHERES ZUM PESSACHFEST

Während des Pessachfestes sind Nahrungsmittel, die mit Hefe, Sauerteig und anderen Säuerungsmitteln hergestellt werden, wie etwa Bier und Brot, streng verboten. Diese Nahrungsmittel werden grundsätzlich durch Speisen aus Matzenmehl (das ist geriebener Matzen) oder Kartoffelmehl ersetzt. Die Gebräuche beim Pessachfest unterscheiden sich nach regionalen Traditionen. Sephardische Juden dürfen Reis essen, aschkenasische Juden nicht. Aber in allen Gemeinschaften wird zum Pessachfest der Tisch besonders gedeckt, und die Auswahl der Speisen für dieses zeremonielle Mahl hat symbolische Bedeutung.

Traditionelle Speisen und Gewürze

Zhug

Labane

Sephardisches Haroset

Aschkenasisches Haroset

Eingemachtes aus roten Rüben

Schmalz und Gribenes

Eier in Salzlake

Tahini-Sosse

Meerrettich-Sosse mit roten Rüben

ZHUG

FÜR 125 ML

Zhug ist eine scharfe Gewürzsoße aus pürierten Peperoni, die in der jemenitischen Küche ausgiebig verwendet wird. Sie ist außerordentlich feurig, und man benötigt nicht viel davon. Zhug kann man in Eintöpfe oder Gemüsegerichte rühren, um den Geschmack pikanter zu machen, oder kann als Gewürz mit Pita-Sandwiches, Kebab oder Falafel (siehe Seite 23) serviert werden. Sie kann aus roten oder grünen Peperoni hergestellt werden.

- 5 bis 6 frische Peperoni
- 3 bis 4 Knoblauchzehen, geschält
- 3/4 TL Salz
- Schwarzer Pfeffer aus der Mühle
- 1 TL gemahlener Kreuzkümmel
- 1/4 TL gemahlener Kardamom

☐ Gummihandschuhe anziehen und die Kerngehäuse und Samen der Peperoni entfernen. (Die Samen machen die Soße noch schärfer.)

☐ Peperoni und Knoblauch in einen Mixer mit Metallschneide geben und sehr fein hacken. Die Mischung sollte breiig sein. 1–2 EL Wasser und die restlichen Gewürze zufügen. Weitermixen, um die Zutaten gründlich zu vermengen. In einem gut verschlossenen Schraubglas ist Zhug bis zu einer Woche haltbar.

LABANE

FÜR 750 G

Labane ist ein köstlicher, weicher Frischkäse, der überall im Nahen Osten aus Joghurt hergestellt wird. Er hat eine glatte, cremige Konsistenz und schmeckt leicht säuerlich, was sowohl zu süßen als auch zu würzigen Speisen paßt. In orientalischen Lebensmittelläden kann man Labane oft zu Kugeln geformt und in Olivenöl eingelegt kaufen, er ist aber auch leicht selbst herzustellen.

- 900 ml Naturjoghurt von guter Qualität
- 1 TL Salz
- Olivenöl (nach Belieben)
- gehackte, frische Petersilie (nach Belieben)

☐ Zweilagiges Musselintuch oder sauberes, dünnes Geschirrtuch anfeuchten und ein Sieb damit auslegen. Das Sieb über eine große Schüssel hängen.

☐ Joghurt mit Salz mischen und in das ausgelegte Sieb gießen. Die Oberfläche mit den überhängenden Enden des Musselin- oder Geschirrtuchs bedecken und über Nacht oder bis keine Flüssigkeit mehr durch das Sieb tropft kühl stellen.

☐ In eine flache Schale oder Schüssel füllen und wie Frischkäse servieren. Man kann den Käse auch zu walnußgroßen Kugeln formen, in eine flache Schüssel legen und mit Olivenöl beträufeln. Mit gehackter Petersilie bestreuen und mit warmem Pitabrot servieren.

SEPHARDISCHES HAROSET

FÜR 625 G

Haroset ist eine Mischung aus Früchten und Nüssen, die am Sederabend des Pessachfestes serviert wird und Symbol ist für den Mörtel und die Steine, aus denen die ägyptischen Pyramiden gebaut wurden. Sie soll auch den bitteren Geschmack der Kräuter auf dem Seder-Teller versüßen. Es gibt unzählige Kombinationen: in den aschkenasischen Rezepten findet man gewöhnlich Äpfel, Mandeln oder Walnüsse, Zimt und Wein, während die sephardischen Varianten Datteln, Walnüsse, Rosinen, Orangen, Feigen, Koriander und viele andere exotische Zutaten enthalten.

- 90 g geschälte Mandeln
- 90 g Walnüsse, in Stücken
- 250 g frische Datteln, entsteint
- 175 g Rosinen
- 1 Granatapfel, geviertelt, die Kerne ausgelöst und der Saft aufgefangen
- 1 TL Zimt
- 1/2 TL gemahlener Ingwer
- 1/4 TL Cayennepfeffer
- 1/4 TL gemahlene Nelken
- 1/4 TL gemahlener Kardamom
- 1–2 EL Orangensaft

☐ In einem Mixer mit Metallschneide die Nüsse grob oder nach Belieben auch feiner hacken. In eine mittelgroße Schüssel geben.

☐ Datteln und Rosinen in den Mixer geben und durch Benutzen des Momentschalters 10–15 Sekunden hacken, aber nicht länger, sonst werden die Trockenfrüchte püriert. Zu den Nüssen geben. Die Kerne und den Saft des Granatapfels in den Mixer geben und fein zerkleinern.

☐ Den Granatapfel zu den Nüssen und Früchten geben und zusammen mit den Gewürzen unterrühren. Abschmecken und eventuell nachwürzen. Mit Orangensaft befeuchten. Vor dem Servieren kühl stellen.

IN DIESEM TYPISCHEN DELIKATESSENGESCHÄFT IN NEW YORK GIBT ES ALLES, WAS MAN FÜR EINE JÜDISCHE MAHLZEIT BRAUCHT.

ASCHKENASISCHES HAROSET

FÜR 550 G

- 250 g Walnüsse in Stücken oder halbierte Pekannüsse
- 2 große Äpfel, geviertelt und entkernt, aber nicht geschält
- 2 EL Zucker oder heller brauner Zucker
- 1 TL Zimt
- 1/4 TL Pimentpulver
- Abgeriebene Schale und etwas Saft von einer Zitrone
- 2–3 EL süßer, koscherer Wein

☐ Die Nüsse im Mixer mit der Metallschneide grob oder nach Belieben auch feiner hacken. In eine mittelgroße Schüssel geben.

☐ Die geviertelten Äpfel in den Mixer geben und unter Benutzung des Momentschalters 10–15 Sekunden zerkleinern. Nicht zu fein hacken, sonst werden die Äpfel zu weich.

☐ Äpfel in die Schüssel geben und gut mit den restlichen Zutaten verrühren. Abschmecken und bei Bedarf Zucker oder Zitronensaft zufügen. Vor dem Servieren kühl stellen.

EINGEMACHTES AUS ROTEN RÜBEN

FÜR 1 KG

Dieses eingemachte Gemüse wird wie viele andere aschkenasische Gerichte aus roten Rüben zum Pessachfest gegessen. Es ist leicht herzustellen und schmeckt mit Matzen ausgezeichnet zum Tee, wie es die Juden in der Ukraine, in Litauen und Rußland bevorzugen. Falls Sie sich einen größeren Vorrat anlegen möchten, sollten Sie die Anweisungen der Hersteller auf den Einmachgläsern befolgen, andernfalls beschränken Sie sich auf eine Menge, die im Kühlschrank aufbewahrt und während des Pessachfestes gegessen werden kann. Auch schwarzer Rettich kann auf diese Weise eingemacht werden.

- 250 g Zucker
- 250 ml Honig
- 1 EL gemahlener Ingwer
- 1,4 kg rote Rüben, gekocht, geschält und gerieben oder in dünne Streifen geschnitten
- 2 Zitronen, der Länge nach halbiert, entkernt und in dünne Scheiben geschnitten
- 90 g abgezogene und gehackte Mandeln

☐ Zucker, Honig, Ingwer und 125 ml Wasser in einem Topf (nicht aus Metall!) bei mittlerer bis starker Hitze zum Kochen bringen. 5–7 Min. köcheln, bis sich der Zucker vollständig aufgelöst und die Flüssigkeit eine sirupartige Konsistenz hat.

☐ Rote Rüben in Streifen und Zitronenscheiben zufügen und unterrühren. Aufkochen und dann bei geringer Hitze 30–40 Min. einkochen, bis die Masse sehr dickflüssig ist. Dabei den Topf gelegentlich schütteln, damit die Mischung nicht ansetzt. Die Mandeln einrühren.

☐ Die Einmachgläser wie vom Hersteller angegeben vorbereiten und die Mischung mit dem Löffel vorsichtig in die Gläser füllen. Oder Marmeladengläser mit Wasser ausspülen und im Backofen bei 180° 5–7 Min. erhitzen. Die Gläser mit der Mischung füllen, abkühlen lassen und verschließen. Innerhalb von 2–3 Wochen verbrauchen.

SCHMALZ UND GRIBENES

FÜR 60 G

Schmalz und Gribenes hat an Beliebtheit verloren, seit die Medizin einen Zusammenhang zwischen Herzkrankheiten und dem Verzehr von tierischen Fetten festgestellt hat. In der mittel- und osteuropäischen Küche stellte man Schmalz aus dem Fett von Hühnern, Gänsen oder Enten her und verwendete es zum Kochen und auch zum Würzen von Eintöpfen. Gehackte Leber auf traditionelle Art ist ohne Schmalz nicht denkbar. Heute verwenden wir Margarine und Öl, aber ab und zu sind Kartoffeln, die in Schmalz gebraten wurden, ein besonderer Genuß. Gribenes – Grieben – sind kleine Stücke Geflügelhaut. Sie werden ebenfalls für gehackte Leber oder Kartoffelgerichte verwendet oder wie Kartoffelchips gegessen.

- Hühnerhaut
- 250 g Hühner-, Gänse- oder Entenfett aus dem Inneren und von der Haut des Vogels, in kleine Stücke geschnitten
- 1/2 gehackte Zwiebel (nach Belieben)

☐ Geflügelfett, Hühnerhaut und Zwiebeln mit 60 ml Wasser in einem mittelgroßen Topf mischen. Bei geringer Hitze köcheln, bis das Fett geschmolzen und das Wasser verdampft ist. Haut und Zwiebeln sollten knusprig braun sein. Das Fett (Schmalz) in eine kleine Schüssel sieben, die Haut (Gribenes) und die Zwiebelstücke auf Küchenpapier abtropfen lassen. Beides im Kühlschrank aufbewahren und zum Braten verwenden.

EIER IN SALZLAKE

FÜR 6 PERSONEN

Diese Eier wurden traditionell nur am Sederabend des Pessachfestes serviert, denn sie symbolisierten das Opfer für den Tempel, sind ein Zeichen der Trauer um die Toten des Tempels und Symbol für Geburt und Leben. Diese alte Tradition ist heute noch lebendig.

- 3 TL Salz
- 6 Eier, hartgekocht und geschält

☐ Das Salz mit 900 ml–1,25 l Wasser in eine großen Schüssel oder Suppenterrine geben und durch Rühren auflösen. Die ganzen Eier etwa eine halbe Stunde vor dem Servieren hineinlegen und kühl stellen. Die Eier einzeln mit etwas Salzlake in 6 kleine Schüsseln geben und servieren.

TAHINI-SOSSE

FÜR 250 ML

Tahinipaste wird aus Sesamkörnern hergestellt. Man findet sie in Griechenland, Zypern, Israel und im Nahen Osten oft als Soße oder Dip unter den *meze*-Gerichten. Sie wird in der Dose oder im Glas verkauft und paßt zu sehr vielen Gerichten. Eine meiner Freundinnen, die auf Zypern geboren wurde, serviert sie stets als Soße zu Lamm oder Huhn. Sie hat eine charakteristische Konsistenz und schmeckt gut zu Gegrilltem und Salaten.

- 1 Knoblauchzehe, zerdrückt
- 125 ml Tahinipaste
- 60 ml Zitronensaft
- 1/4 TL Salz
- frische Petersilie oder Korianderkraut, gehackt, zum Garnieren

☐ Eine kleine Servierschüssel mit Knoblauch ausreiben, dann den Knoblauch in der Schüssel lassen. Tahinipaste zugeben und mit einer Gabel 60 ml Wasser, Zitronensaft und Salz unterrühren. Den Rand der Schüssel säubern und die Mischung mit gehackter Petersilie oder Korianderkraut bestreuen. Bis zum Servieren kühl stellen.

MEERRETTICH-SOSSE MIT ROTEN RÜBEN

FÜR 750 ML

Meerrettich, der auf Russisch *chrein* heißt, gilt als eines der bitteren Kräuter, die auf den Pessachtisch gehören. Diese Soße wird gerne zu Gefilte Fisch, Corned Beef und Fleisch gegessen. Frischer Meerrettich brennt wie Chili oder Zwiebeln, daher ist es ratsam, bei der Zubereitung Gummihandschuhe zu tragen und zum Zerkleinern möglichst eine Küchenmaschine zu verwenden.

- 1 mittelgroßer frischer Meerrettich
- 3–4 rote Rüben, gekocht, geschält und für die Küchenmaschine zerschnitten
- 1 TL heller brauner Zucker oder Honig
- Schwarzer Pfeffer aus der Mühle
- 175–250 ml Obstessig oder weißer Branntweinessig

☐ Gummihandschuhe anziehen und den Meerrettich mit einem Gemüseschäler schälen. Enden abschneiden. Den Meerrettich in einer Küchenmaschine mit Reibscheibe raspeln.

☐ Die gekochten roten Rüben über den Meerrettich raspeln, ohne die Küchenmaschine zu öffnen.

☐ Dann die Mischung in eine mittelgroße Schüssel geben, gut mit braunem Zucker oder Honig verrühren und nach Geschmack Pfeffer und Essig zufügen. Falls die Soße zu trocken ist, etwas mehr Essig zugeben. In einem Schraubglas im Kühlschrank aufbewahren.

KOCH-TIP

DIE SCHÄRFE DES MEERRETTICHS HÄNGT VON DER SORTE UND VOM ALTER AB, DAHER SOLLTEN SIE DIE MISCHUNG ERST PROBIEREN UND DANN ENTSPRECHEND ABSCHMECKEN.

Vorspeisen und Suppen

Piroschki

Gehackter Hering

Heringe in Sauerrahm

Gehackte Hühnerleber

Kalbsfuss-Sülze

Baba Ganusch

Falafel

Hummus

Artischocken auf jüdische Art

Käse-Knisches

Peruanischer eingelegter Fisch

Borscht aus roten Rüben

Süss-saure Kohlsuppe

Pilz-Gersten-Suppe

Linsensuppe

Klassische Hühnersuppe mit Matzenklösschen

Italienische Bohnen-und Pasta-Suppe

Schchaw

PIROSCHKI

FÜR 38 STÜCK

Piroschki sind winzige Gebäckstücke, die ursprünglich aus Rußland stammen und normalerweise mit einer klaren Fleisch- oder Hühnerbrühe gegessen werden. Sie schmecken aber auch ohne Suppe köstlich. Durch den ungeheuren Exodus russischer Juden nach Amerika und Israel in den letzten Jahren werden sie immer beliebter; sie eignen sich ausgezeichnet als Kanapee oder Vorspeise. Traditionell werden sie aus Hefeteig hergestellt, aber man kann auch gut selbstgemachten oder gekauften Blätterteig verwenden. Die Füllung ist variabel, sie kann aus Fleisch, Fisch, Pilzen, Käse und Spinat oder jeder beliebigen anderen herzhaften Zutat bestehen.

- 1 EL Trockenhefe
- 1 EL Zucker
- 300 ml lauwarmes Wasser
- 375–425 g Mehl
- 2 TL Salz
- 125 g Margarine, zerlassen und abgekühlt
- 2 große Eier, verquirlt
- Pflanzenöl zum Einfetten der Schüssel
- 1 Ei, mit jeweils einer Prise Salz und Zucker verquirlt, zum Glasieren

FLEISCHFÜLLUNG

- 1 EL Pflanzenöl
- 1 mittelgroße Zwiebel, fein gehackt
- 1 TL Salz
- 250 g Rinder- oder Lammhackfleisch
- Schwarzer Pfeffer aus der Mühle
- 1/4 TL getrockneter Thymian
- 1/4 TL gemahlene Muskatnuß
- 1 Ei, verquirlt

☐ Den Teig zubereiten. Dafür in einer kleinen Schüssel Hefe mit Zucker und 60 ml Wasser verrühren. 10–15 Min. stehenlassen, bis die Mischung anfängt zu schäumen.

☐ 375 g Mehl mit dem Salz in eine große Schüssel geben und in die Mitte eine Vertiefung drücken. Die schaumige Hefemischung, das restliche Wasser, zerlassene und abgekühlte Margarine und verquirlte Eier hineingeben. Kneten, bis ein weicher Teig entsteht.

☐ Den Teig auf eine dünn mit Mehl bestäubte Arbeitsfläche geben und langsam kneten. Etwas Mehl zufügen, wenn der Teig klebt. Nach 10–15 Min. Kneten wird der Teig glatt und elastisch.

☐ Den Teig zu einer Kugel rollen und in eine eingeölte Schüssel legen. Mit einem sauberen Geschirrtuch zudecken und 1–1 1/2 Std. an einem warmen Platz gehen lassen. Den Teig erneut verkneten, zudecken und über Nacht im Kühlschrank aufbewahren. (Falls der Teig gleich benötigt wird, erneut zudecken und noch etwa 1 Std. lang an einem warmen Ort gehen lassen.)

☐ Die Füllung vorbereiten. Öl in einer mittelgroßen Pfanne bei mittlerer Hitze erhitzen. Gehackte Zwiebel etwa 5 Min. anbraten, bis sie weich ist und beginnt, Farbe anzunehmen. Gehacktes Rind- oder Schweinefleisch zufügen und 5–7 Min. unter gelegentlichem Rühren andünsten, bis das Fleisch seine rote Farbe verloren hat und die gesamte Flüssigkeit verdampft ist. Mit Salz, Pfeffer, Thymian und Muskatnuß würzen, von der Kochstelle nehmen und etwas abkühlen lassen. Verquirltes Ei unterrühren, in eine mittelgroße Schüssel füllen und bis zum Verbrauch zugedeckt in den Kühlschrank stellen. (Die Füllung kann einige Stunden vorher oder am Abend zuvor vorbereitet werden.)

☐ Zwei große Backbleche dünn einfetten (damit ein Blech vorbereitet werden kann, während das andere im Ofen ist). Den Teig in 3–4 Stücke schneiden, ein Stück weiterbearbeiten und die übrigen wieder in den Kühlschrank legen.

☐ Den Teig auf einer dünn bemehlten Arbeitsfläche etwa 3 mm dick ausrollen. Mit einem runden Ausstecher von 7,5 cm Durchmesser so viele Kreise wie möglich ausstechen. Jeden Kreis am Rand mit etwas Eiglasur bestreichen, 1 gehäuften TL Füllung in die Mitte geben und zu einem Halbmond falten. Die Ränder sorgfältig zusammendrücken. Dann den letzten Arbeitsgang mit dem restlichen Teig wiederholen.

☐ Die Halbmonde auf ein Backblech legen, mit einem sauberen Geschirrtuch bedecken und an einem warmen Ort 20 Min. gehen lassen. Den Backofen auf 200° vorheizen.

☐ Die Oberfläche jedes Halbmonds mit Eiglasur bestreichen und 15–20 Min. backen, bis die Piroschki goldbraun und aufgegangen sind. Auf Raumtemperatur abkühlen lassen und servieren.

KOCH-TIP

PIROSCHKI KÖNNEN VORBEREITET UND IM KÜHLSCHRANK AUFBEWAHRT WERDEN. VOR DEM SERVIEREN IM BACKOFEN BEI 180° 5–7 MIN. ERHITZEN.

FROMME JUDEN MIT *TEFILLIN* (MIT LEDERBÄNDERN VERSEHENE KAPSELN, DIE ZITATE AUS DEN HEILIGEN SCHRIFTEN ENTHALTEN) IN EINER MOSKAUER SYNAGOGE.

GEHACKTER HERING

FÜR 4-6 PERSONEN

In den armen jüdischen Gemeinden Osteuropas aß man an Jom Kippur nach dem Fastenbrechen traditionell Hering, um den Salzhaushalt des Körpers wieder auszugleichen. Gehackter Hering ist bei britischen und südafrikanischen Juden eine sehr beliebte Vorspeise, er wird oft am Freitagabend serviert.

- 12 Mürbekekse (ungesüßt)
- 4 Granny-Smith-Äpfel, geviertelt und entkernt, aber nicht geschält
- 4 Eier, hart gekocht und geviertelt
- 4 gesalzene Heringe, filetiert, enthäutet und über Nacht eingeweicht
- 60 ml Obstessig oder weißer Branntweinessig
- Schwarzer Pfeffer aus der Mühle
- 1/4 TL Zimt
- 1–2 TL Zucker
- Frische Petersilie zum Garnieren

KOCH-TIP

DIE MÜRBEKEKSE KÖNNEN DURCH MATZEN ERSETZT WERDEN, WENN SIE DAS GERICHT WÄHREND DES PESSACHFESTES SERVIEREN MÖCHTEN.

☐ Mürbekekse in einem Mixer mit Metallschneide fein zerkrümeln. In eine große Schüssel füllen. Die geviertelten Äpfel in den Mixer geben und kurz hacken, aber nicht zu fein, da sie sonst breiig werden. In die Schüssel geben.

☐ Geviertelte Eier in den Mixer geben und mit dem Momentschalter 3–5 Mal zerkleinern. Nicht zu lange hacken, damit sie nicht cremig werden. Eier in die Schüssel geben. Hering in den Blitzhacker füllen und kurz hacken. Nicht zu lange hacken, sonst entsteht eine Paste. In die Schüssel geben und die Zutaten verrühren.

☐ Essig unterrühren, nach Geschmack pfeffern und Zimt und Zucker zufügen. Abschmecken und nach Bedarf mit Essig oder Zucker nachwürzen. Gehackten Hering auf eine flache Servierplatte geben, mit Klarsichtfolie abdecken und bis zum Servieren kalt stellen. Mit Petersilie garnieren.

HERINGE IN SAUERRAHM

FÜR 6-8 PERSONEN

Heringe waren ein fester Bestandteil des Speiseplans in Polen, Ungarn, Tschechien, der Slowakei und anderen osteuropäischen Ländern, weil sie billig waren. In Amerika gibt es heute viele verschiedene Heringssorten in jüdischen Delikatessen-Läden. Salzheringe sollten Sie vor der Verwendung mindestens 4 Std. in kaltem Wasser einweichen.

- 1500 g eingelegte Heringe oder Heringe in Weinsauce, abgetropft
- 1 rote Zwiebel, in dünne Scheiben geschnitten
- 4 Granny-Smith-Äpfel, halbiert und entkernt, aber nicht geschält
- 1/2 EL Zitronensaft oder Obstessig
- 1/2 TL Zimt
- 2 TL Zucker
- 250 ml Sauerrahm oder Joghurt
- Schwarzer Pfeffer aus der Mühle
- Radicchio oder frische Dillzweige zum Garnieren
- Als Beilage: Schwarzbrot

☐ Die Heringe mit Küchenpapier trockentupfen. Zwiebeln und Flüssigkeit aus dem Heringsglas wegwerfen. Jeden Hering flach auf ein Schneidbrett legen und schräg mit einem scharfen Messer in 5–6 diagonale Streifen schneiden. In eine Schüssel geben und die dünnen Zwiebelscheiben zufügen.

☐ Die Apfelhälften mit der Schnittseite nach unten auf das Schneidbrett legen und in dünne Streifen schneiden. Zum Hering und den Zwiebeln geben.

☐ In einer kleinen Schüssel Zitronensaft oder Essig, Zimt, Zucker und Sauerrahm oder Joghurt mischen. Mit schwarzem Pfeffer würzen.

☐ Soße über die Heringe, Zwiebeln und Äpfel gießen und alles gut verrühren. Schüssel mit Klarsichtfolie abdecken und 2 Std. oder über Nacht in den Kühlschrank stellen.

☐ Zum Servieren ein bis zwei Radicchioblätter auf Portionstellern anrichten, darauf mit einem Löffel gleich große Portionen Heringssalat verteilen und mit Dillzweigen garnieren. Mit Schwarzbrot servieren.

GEHACKTE HÜHNERLEBER

FÜR 6-8 PERSONEN

Dies ist vielleicht das bekannteste und beliebteste Rezept aus der jüdischen Küche. Niemand kennt seinen Ursprung genau, aber für gehackte Hühnerleber ist jeder ein Fachmann. Traditionsgemäß wird zum Anbraten der Zwiebeln Hühnerfett verwendet, das die Mischung auch bindet und ihr eine glatte Konsistenz verleiht. In dieser Variante wird das Fett durch Pflanzenöl ersetzt, weil es nicht so reichhaltig ist und weniger gesättigte Fettsäuren enthält. Wenn Sie möchten, können Sie auch koschere Margarine verwenden. Mit Roggenbrot, Challah oder Matzen servieren. Wenn man sie besonders dekorativ anrichten möchte, gibt man die gehackte Hühnerleber mit einer Spritztüte auf Toast oder Kräcker.

- 500 g Hühnerleber
- Salz
- Schwarzer Pfeffer aus der Mühle
- 2 EL Pflanzenöl
- 2 mittelgroße Zwiebeln, gehackt
- 4 große Eier, hart gekocht und gehackt
- Hühnerbrühe (nach Belieben)
- Salatstreifen und Cocktailtomaten zum Garnieren

☐ Grill vorheizen. Die Leber auf eine mit Folie ausgelegte Grillpfanne legen und mit Salz bestreuen. 3-4 Min. grillen, bis sie hellbraun ist. Umdrehen, mit Salz bestreuen und grillen, bis sie eben durchgebraten und nicht mehr rosa ist. Die Leber zum Abkühlen und Abtropfen auf ein Gitter legen.

☐ Das Öl in einer großen Pfanne bei mittlerer Stufe erhitzen. Die gehackten Zwiebeln zugeben und 10-12 Min. dünsten, bis sie weich und goldgelb sind. Dabei gelegentlich umrühren.

☐ Die Leber in einem Mixer mit Metallschneide unter Verwendung des Momentschalters grob zerkleinern. Die Zwiebeln zufügen und kurz hacken, bis sich Leber und Zwiebeln vermischt haben. Gehackte Eier, Salz und Pfeffer nach Geschmack zugeben und erneut kurz mixen, bis alles vermischt ist. Falls die Mischung zu trocken wird, etwas Öl oder einen Eßlöffel Hühnerbrühe zufügen.

☐ Die Masse in eine Servierschüssel füllen, zudecken und bis zum Servieren mindestens 2 Std. kühl stellen. Mit Salatstreifen und geviertelte Cocktailtomaten garnieren.

Kalbsfuss-Sülze

Für 8 Personen

Die einen lieben sie, die anderen hassen sie, aber diese traditionelle Speise wird bis heute von osteuropäischen Juden häufig verzehrt. Wenn sie gut zubereitet ist, ähnelt sie manchem der modernen, fettarmen Gerichte, die wir heute bevorzugen. Damit die Sülze zeitgemäß wirkt, sollten die Zutaten in eine Terrinenform gefüllt und mit frischen Kräutern garniert werden. Die Kalbsfüße kann man vom Metzger in Stücke schneiden lassen, damit sie besser verarbeitet werden können.

- 4 Kalbsfüße, gesäubert, halbiert und in Stücke geschnitten
- 500 g Kalbshachse oder 500 g Hühnerbeine
- 1 große Zwiebel, in Scheiben geschnitten
- 1 Karotte
- 1 Stangensellerie
- 4 Lorbeerblätter
- 6–8 Knoblauchzehen, geschält und leicht zerdrückt
- $1^1/_2$ TL Salz
- 1 EL schwarze Pfefferkörner
- 2 EL Zitronensaft oder Obstessig
- 3–4 große Eier, hartgekocht und in Scheiben geschnitten
- Zitrone und frische Petersilie zum Garnieren

☐ Die kleingeschnittenen Kalbsfüße in einen sehr großen Suppentopf legen und mit kaltem Wasser bedecken. Bei starker Hitze zum Kochen bringen, dann 5 Min. köcheln lassen. In ein großes Sieb abgießen und die Kalbsfüße gut mit kaltem Wasser abspülen.

☐ Die Kalbsfüße in den sauberen Suppentopf zurücklegen und erneut mit kaltem Wasser bedecken. Alle übrigen Zutaten außer Zitronensaft oder Essig, den hartgekochten Eiern und der Garnierung zugeben. Bei starker Hitze aufkochen, dann 5 Min. köcheln lassen. Eventuell den Schaum von der Oberfläche mit einem nassen Kochlöffel abschöpfen.

☐ Den Suppentopf teilweise zudecken und die Kalbsfüße 3–4 Std. lang sieden, dabei gelegentlich den Schaum abschöpfen. Das Fleisch sollte ganz zart sein und sich vom Knochen lösen.

☐ Kalbsfüße und Fleisch vorsichtig mit einem Schaumlöffel herausheben und auf ein Schneidbrett legen. Die Flüssigkeit in eine große, nicht hitzeempfindliche Schüssel abgießen. Den Topf auswaschen und die Flüssigkeit zusammen mit dem Zitronensaft wieder hineinfüllen.

☐ Knorpel und Fleisch von den Knochen ablösen und in kleine Stücke schneiden. Das Fleisch in die Flüssigkeit geben.

☐ Die Hälfte der Flüssigkeit und des Fleisches in eine Terrinenform oder eine tiefe Schüssel schöpfen und kühl stellen, bis die Flüssigkeit fest zu werden beginnt. Dann die Eischeiben auf der Oberfläche verteilen und leicht hineindrücken. Restliche Flüssigkeit und Fleisch vorsichtig darüberlöffeln. Über Nacht in den Kühlschrank stellen, bis die Sülze fest ist.

☐ Zum Servieren die Sülze aus der Terrine oder der Schüssel lösen (oder auf eine Servierplatte stürzen). Mit Zitrone und Petersilie garnieren.

Blick auf die »Blaue Donau« von einer Aussichtsterrasse in Budapest.

Baba Ganusch

FÜR 8-10 PERSONEN

Es gibt viele Varianten dieser Dipsoße aus Auberginen und Tahini, die im Nahen Osten sehr beliebt ist. Am besten schmeckt die Soße, wenn die Auberginen 30–40 Min. über einem offenen Feuer gegrillt werden, bis sie völlig weich sind und die Haut schwarz und schrumpelig aussieht. Auf diese Weise bekommt die Dipsoße ihren zarten Rauchgeschmack.

- 2 mittelgroße Auberginen, zusammen etwa 750 g
- 60 ml Zitronensaft
- 60 ml Tahini (Sesampaste)
- 3–4 Knoblauchzehen, geschält und zerdrückt
- Salz
- Schwarzer Pfeffer aus der Mühle
- Olivenöl
- Frische gehackte Petersilie und reife Oliven zum Garnieren
- Als Beilage: aufgewärmtes Pitabrot

☐ Den Backofen auf 230° vorheizen. Die Auberginen ringsherum mit einer Gabel oder einem scharfen Messer einstechen. Auf ein Backblech legen und 30-40 Min. backen, bis sie völlig weich und zusammengefallen sind. Etwas abkühlen lassen.

☐ Jede Aubergine der Länge nach aufschneiden und das Fruchtfleisch mit einem Löffel herausschälen. Das Fleisch in einen Mixer mit Metallschneide geben und zu einer glatten Paste pürieren.

☐ Zitronensaft, Tahini, Knoblauch, Salz und Pfeffer nach Geschmack zufügen und mixen, bis alles gut vermischt ist. Während des Mixens 2-3 EL Olivenöl zufügen, damit die Soße cremig wird. Abschmecken, in eine Schüssel geben, mit Klarsichtfolie bedecken und 2 Std. oder über Nacht kühl stellen.

☐ Zum Servieren in eine flache Schüssel oder auf einzelne Teller füllen und mit einem Löffelrücken eine Vertiefung in die Mitte drücken. Etwas Olivenöl hineingeben, mit gehackter Petersilie bestreuen und mit reifen Oliven garnieren. Mit warmem Pitabrot servieren.

FALAFEL

FÜR 30 STÜCK

Diese würzigen, fritierten Kichererbsen-Klößchen könnte man fast als das israelische Nationalgericht bezeichnen, obwohl sie auch im übrigen Nahen Osten beliebt sind. Sie können als eigenständiges Gericht, als Teil einer *meze* oder in Pitabrot mit Salat, Tomaten und Gurken serviert werden. Zhug und Tahini (siehe Seite 11 und 15) sind dazu ein Muß.

- 175 g getrocknete Kichererbsen, mindestens 12 Std. oder über Nacht eingeweicht
- 1 Scheibe trockenes Weißbrot ohne Kruste
- 1 mittelgroße Zwiebel, geviertelt
- 4–5 Knoblauchzehen, nach Belieben mehr oder weniger
- 2 EL gehacktes Korianderkraut oder Petersilie
- 1 EL gemahlener Koriander
- 1 EL gemahlener Kreuzkümmel
- 2 TL Salz
- Schwarzer Pfeffer aus der Mühle
- 45 g Bulgur, gespült, oder 3 EL Mehl
- 1 TL Backpulver
- Pflanzenöl zum Fritieren
- Als Beilage: Pitabrot, Isralischer Salat (siehe Seite 89), scharfe Pickles, Zhug und Tahini

☐ Die Kichererbsen abgießen und spülen. Das Brot mit 1 EL Wasser befeuchten, einweichen und ausdrücken.

☐ Kichererbsen und Brot in einem Mixer mit Metallschneide, eventuell in mehreren Portionen, zu einer mittelfeinen Paste verrühren. Die Mischung in eine große Schüssel geben.

☐ Die Zwiebelviertel in den Mixer geben und mit dem Momentschalter kurz hacken, bis sie fein zerkleinert sind. Zum Kichererbsenpüree geben und den Mixer gut auskratzen. Die Knoblauchzehen in den Mixer füllen und fein hacken. Dann Korianderkraut oder Petersilie zum Knoblauch geben und fein zerkleinern. Die Mischung zu den Kichererbsen und den Zwiebeln geben und gut vermischen.

☐ Mit Koriander, Kreuzkümmel, Salz und schwarzem Pfeffer würzen und abschmecken. Bulgur oder Mehl und Backpulver einrühren. Mit sauberen Händen sehr gut vermischen.

☐ Mit nassen Händen jeweils etwa 1 EL des Pürees abnehmen und auf den Handflächen zu einem walnußgroßen Klößchen formen; die Klößchen auf ein Backblech legen. Die gesamte Mischung zu Klößchen formen. (Bis zu diesem Punkt kann Falafel bereits mehrere Stunden vorher zubereitet werden.)

☐ Das Öl in der Friteuse oder einer tiefen Kasserolle auf 180° erhitzen. Etwa ein Viertel der Klößchen vorsichtig in das Öl gleiten lassen und in 2–3 Min. goldbraun fritieren. Mit einem Schaumlöffel herausheben und auf Küchenpapier abtropfen lassen. Vorgang mit den übrigen Klößchen, jeweils einem Viertel der Menge, wiederholen.

☐ Warm in Pitabrot, mit israelischem Salat oder mit eingelegten Peperoni, Zhug und Tahini servieren.

HUMMUS

FÜR 8–10 PERSONEN

Dieses cremige, goldfarbene Püree aus Kichererbsen ist im Nahen Osten bei Juden und Nichtjuden gleichermaßen beliebt. Man ißt es gerne als Vorspeise oder als eines von vielen Gerichten in einer nahöstlichen *meze*. Da Hummus sich im Kühlschrank gut aufbewahren läßt, lohnt es sich, gleich eine größere Portion zuzubereiten. Es ist ideal, wenn unerwartete Gäste kommen.

- 450 g getrocknete Kichererbsen oder 2 Dosen, gut abgetropft
- Salz und Cayennepfeffer
- 4–6 Knoblauchzehen, geschält und zerdrückt
- 60 ml Zitronensaft
- 60 ml Tahini (Sesampaste)
- Olivenöl und gehackte frische Petersilie (nach Belieben)

☐ Die getrockneten Kichererbsen sehr gut spülen und zerbrochene oder verfärbte Erbsen wegwerfen. In eine große Schüssel geben und gut mit kaltem Wasser bedecken. 12 Std. oder über Nacht einweichen.

☐ Die Kichererbsen mit dem Einweichwasser in einen großen Topf geben und bei mittlerer Hitze zum Kochen bringen. Die Hitze reduzieren und $1^1/_2$–2 Std. sieden, bis die Erbsen sehr weich sind.

☐ 1 TL Salz zufügen und noch 30 Min. köcheln. Gut abgießen, jedoch 1 EL Kichererbsen und etwas Kochflüssigkeit beiseite stellen.

☐ Gekochte Kichererbsen oder Kichererbsen aus der Dose durch ein Sieb pressen, um die Schalen zu entfernen. Dabei die zurückbehaltene Kochflüssigkeit zufügen. (Die Schalen müssen entfernt werden, damit der Hummus glatt wird.) Schalen wegwerfen.

☐ Den zerdrückten Knoblauch mit einer Prise Salz in einem Mixer mit Metallschneide zerkleinern, das Kichererbsenpüree zufügen und mixen, bis die Mischung glatt ist. Zitronensaft, Tahini und eine Prise Cayennepfeffer dazugeben und sehr fein pürieren. Der Hummus sollte weich und glatt sein. Falls das Püree zu fest wird, etwas Kochflüssigkeit zugeben. Abschmecken. In eine Schüssel füllen, abdecken und bis zu fünf Tage im Kühlschrank aufbewahren.

☐ Hummus zum Servieren in eine flache Servierschüssel geben oder auf Portionsschalen verteilen und mit einem Löffelrücken in die Mitte eine Vertiefung drücken. Die zurückbehaltenen Kichererbsen grob hacken und darüberstreuen. Nach Belieben etwas Olivenöl in die Vertiefung gießen und mit den gehackten Kichererbsen, Petersilie und etwas Cayennepfeffer garnieren.

ARTISCHOCKEN AUF JÜDISCHE ART

FÜR 6 PERSONEN

Diese Spezialität wurde im Mittelalter von Juden in Rom eingeführt. Sie sollte mit sehr jungen Artischocken zubereitet werden, bei denen sich das Heu noch nicht gebildet hat. Man erhält sie bei gut sortierten Gemüsehändlern und gelegentlich auch in großen Supermärkten. Auch große, ausgewachsene Artischocken können verwendet werden, aber dann müssen die harten Außenblätter und das Heu entfernt und die Stengel sorgfältig abgeschnitten werden.

- Saft von 2–3 Zitronen
- 12 kleine, junge Artischocken
- 125 ml Olivenöl
- 45 g frische Petersilie, gehackt (möglichst glattblättrige)
- 15 g Basilikumblätter, zerkleinert
- 1 TL Salz
- Schwarzer Pfeffer aus der Mühle
- 8–10 Knoblauchzehen, geschält und fein gehackt
- Matzenmehl
- Olivenöl zum Braten
- Frische Petersilie oder Basilikumblätter zum Garnieren

☐ Den Zitronensaft in eine große Schüssel gießen und mit Wasser auffüllen, bis die Schüssel halb voll ist.

☐ Alle harten oder welken Außenblätter der Artischocken entfernen. Falls nötig, Spitzen mit einem scharfen Messer abschneiden, Stengel schälen und auf 5–7,5 cm Länge abschneiden. Die vorbereiteten Artischocken in das Zitronenwasser geben, damit sie sich nicht verfärben. Eventuell noch Wasser nachgießen.

☐ Olivenöl, Petersilie, Basilikum, Salz, Pfeffer nach Geschmack und Knoblauch in einer kleinen Schüssel mischen. 90 g Matzenmehl auf einen tiefen Teller geben und beiseite stellen.

☐ Die Artischocken gut abtropfen lassen und mit Küchenpapier trockentupfen. Jede Artischocke am Stengel fassen und mit der Spitze auf die Arbeitsplatte schlagen, um die Blätter auseinanderzudrücken. Dann mit einem Löffel etwas Olivenöl und Kräutermischung zwischen die Blätter füllen und die Artischocke in Matzenmehl wälzen.

☐ Den Boden einer großen Kasserolle oder einer schweren Bratpfanne etwa 3 mm hoch mit Olivenöl bedecken und bei mittlerer Stufe erhitzen. Die Artischocken in die Pfanne legen und zugedeckt bei mittlerer bis niedriger Stufe 25–30 Min. braten, bis sie weich und goldfarben sind. Zimmerwarm servieren. Dazu die Kochflüssigkeit oder etwas Olivenöl über die Artischocken träufeln und mit frischer Petersilie oder Basilikumblättern garnieren.

Hummus.

Käse-Knisches

FÜR 24 STÜCK

Knisches, kleine, gefüllte Teigtaschen, sind ein vielseitiges Gebäck aus der aschkenasischen Tradition. Manchmal werden sie zur Suppe oder als seperate Vorspeise serviert, aber traditionell gibt es sie an Schawuot mit einer feuchten Käsefüllung. Andere Füllungen enthalten Kartoffeln, Hühnerfleisch und Kascha (Buchweizen). Man kann verschiedene Teigarten verwenden, aber dieser Sauerrahm-Teig, der im Mixer hergestellt wird, läßt sich am einfachsten zubereiten.

TEIG

- 250 g Mehl
- 1 TL Backpulver
- 1/2 TL Salz
- 1 TL Puderzucker
- 125 g Butter oder harte Margarine, in kleine Stücke geschnitten
- 75 g Sauerrahm
- 1 Ei, verquirlt, zum Glasieren

KÄSEFÜLLUNG

- 250 g Hüttenkäse
- 2 EL Sauerrahm
- 2 EL feines Matzenmehl
- 1 EL Zucker
- 1 EL zerlassene Butter
- 2 Eier, verquirlt
- 45 g Sultaninen oder 1 EL frische, gehackte Petersilie

☐ Mehl in eine große Schüssel sieben, Backpulver, Salz und Zucker zufügen. In einen Mixer mit Metallschneide füllen, Butter zugeben und mixen, bis sich feine Krümel bilden. Dann den Sauerrahm gleichmäßig über die Mehl-Butter-Mischung geben und vorsichtig weitermixen, bis der Teig bindet. Dabei darauf achten, daß sich kein Kloß formt, sonst wird der Teig hart. Falls der Teig zu trocken wird, etwas kaltes Wasser eßlöffelweise zufügen.

☐ Teig aus der Rührschüssel nehmen, auf eine bemehlte Arbeitsfläche legen und leicht kneten. Dann zu einem Ball formen, flachdrücken, fest in Folie einwickeln und 2 Std. oder über Nacht im Kühlschrank ruhen lassen. Den Teig vor dem Ausrollen 15 Min. lang weich werden lassen.

☐ Alle Zutaten für die Füllung in eine große Schüssel geben und sorgfältig vermischen.

☐ Zwei große Backbleche einfetten. Den Teig halbieren und erst die eine Hälfte verarbeiten. Den Teig 3 mm dick zu einem 20 x 30 cm großen Rechteck ausrollen und in Quadrate mit 10 cm Kantenlänge schneiden. In die Mitte jedes Quadrats etwas Füllung geben.

☐ Die Ränder der Quadrate mit Eiglasur bestreichen und die untere linke auf die obere rechte Ecke legen, so daß sich ein Dreieck bildet. Mit den Zinken einer Gabel die Ränder gut zusammendrücken. Auf ein Backblech legen. Den restlichen Teig und die Füllung entsprechend verarbeiten.

☐ Den Backofen auf 200° vorheizen. Die Oberfläche jedes Dreiecks mit Eiglasur bestreichen und einstechen, damit der Dampf entweichen kann.
17–20 Min. goldbraun backen. Vor dem Servieren 15 Min. abkühlen lassen.

KOCH-TIP

KLEINERE KNISCHES KANN MAN HERSTELLEN, INDEM MAN MIT EINEM RUNDEN AUSSTECHER VON 7,5 CM DURCHMESSER KREISE AUS DEM TEIG AUSSTICHT, IHN ÜBER EINEM TEELÖFFEL FÜLLUNG HALBMONDFÖRMIG FALTET UND WIE OBEN ANGEGEBEN FORTFÄHRT.

KARTOFFELFÜLLUNG

1 FEIN GEHACKTE ZWIEBEL IN 15 G GEFLÜGELFETT, BUTTER ODER MARGARINE ANBRATEN. 500 G ZERSTAMPFTE KARTOFFELN UNTERRÜHREN. VON DER KOCHSTELLE NEHMEN UND ETWAS ABKÜHLEN LASSEN.
1 EI, SALZ UND PFEFFER NACH BELIEBEN ZUFÜGEN. VOR DEM VERWENDEN KÜHL STELLEN.

PERUANISCHER EINGELEGTER FISCH

FÜR 4-6 PERSONEN

Dieses sehr moderne Fischgericht, das man auch unter dem Namen Ceviche kennt, ist bei Juden in Mittel- und Südamerika sehr beliebt. Man kann jeden festen weißen Fisch verwenden, aber auch Lachs, Lachsforelle und sogar in dünne Scheiben geschnittene Kammuscheln. Die Säure des Limonen- und Zitronensaftes wirkt wie Hitze, der Fisch wird tatsächlich gegart.

- 1 kg Seezunge, Heilbutt oder Red Snapper, oder eine beliebige Kombination aus festfleischigem, nicht öligem Fisch
- 250 ml frischer Zitronensaft
- 250 ml frischer Limonensaft
- 2 rote Peperoni, in dünne Scheiben geschnitten
- 2 rote Zwiebeln, in dünne Scheiben geschnitten
- 1–2 Knoblauchzehen, geschält und fein gehackt
- Koschersalz nach Belieben
- Schwarzer Pfeffer aus der Mühle
- Frische Korianderblätter zum Garnieren

☐ Die Fischfilets in 2,5 cm lange Streifen schneiden und in eine große, flache, Schüssel (kein Metall!) legen.

☐ Die übrigen Zutaten bis auf die Garnierung in einer großen Schüssel vermischen. Die Marinade über die Fischstreifen gießen und gleichmäßig verteilen. Für mindestens 3 Std. in den Kühlschrank stellen oder bis der Fisch weiß und milchig wird. (Nicht viel länger marinieren, sonst zerfällt der Fisch, denn die Säure verändert das Eiweiß.)

☐ Auf Portionstellern jeweils einige Fischstreifen mit Peperoni- und Zwiebelscheiben anrichten und mit Korianderblättern garnieren.

BORSCHT AUS ROTEN RÜBEN

FÜR 6 PERSONEN

Es gibt viele Varianten von Borscht, und die einzige Zutat, die immer verwendet wird, sind rote Rüben! Diese Suppe kennt man in ganz Osteuropa, und sie wird heiß oder kalt serviert. Sie kann mit oder ohne Rindfleisch und mit oder ohne Gemüse zubereitet und serviert werden. Dieses köstliche, rubinrote Püree wird mit einem Löffel Sauerrahm, Schnittlauchröllchen und Dill delikat verfeinert auf den Tisch gebracht. Als besonderen Genuß können Sie noch ein oder zwei winzige Piroschki (Seite 17) dazu servieren.

- 750 g kleine rote Rüben mit Blättern
- 1 Zwiebel, gehackt
- 900 ml Rinder-, Hühner- oder Gemüsebrühe oder Wasser
- 1 TL Salz
- Schwarzer Pfeffer aus der Mühle
- 3 EL frischer Zitronensaft oder Obstessig
- 2 EL heller brauner Zucker (Menge nach Belieben)
- Als Beilage: Sauerrahm
- Schnittlauchröllchen und Dill zum Garnieren

☐ Die Blätter der roten Rüben bis auf 5-7,5 cm Stengellänge abschneiden. Die Rüben gründlich unter kaltem Wasser abbürsten, um Erde und Sand vollständig zu entfernen. Wenn die Blätter jung und zart sind, können sie, gut gewaschen, ebenfalls verwendet werden.

☐ Rote Rüben und die gehackte Zwiebel in einen großen Topf geben und mit Brühe oder Wasser bedecken. Bei mittlerer Hitze zum Kochen bringen und bei halb geöffnetem Topfdeckel 20-30 Min. sieden, bis die roten Rüben weich sind. Die Flüssigkeit vorsichtig durch ein Sieb in eine große, hitzebeständige Schüssel gießen und den Topf ausspülen.

☐ Rote Rüben aus dem Sieb nehmen und schälen. Die Rüben vierteln und zusammen mit den Zwiebeln (und eventuell den Blättern) aus dem Sieb in einem Mixer mit Metallschneide fein pürieren.

☐ Das Püree aus roten Rüben und Zwiebel in den gewaschenen Topf zurückgeben und die aufgefangene Kochflüssigkeit zugießen. Dabei darauf achten, daß Erde und Sand, die sich eventuell am Boden der Schüssel abgesetzt haben, zurückbleiben.

☐ Die Suppe bei mittlerer Hitze zum Kochen bringen. Mit Salz, Pfeffer, Zitronensaft oder Obstessig und braunem Zucker würzen. 5 Min. kochen und heiß mit einem Löffel Sauerrahm servieren. Mit frischem Schnittlauch und Dill garnieren. Die Suppe kann auch gekühlt und dann kalt serviert werden.

KOCH-TIP

WENN DIE SUPPE KALT SERVIERT WIRD, SOLLTEN SIE VOR DEM SERVIEREN NOCH EINMAL NACHWÜRZEN UND EVENTUELL ETWAS WASSER ZUFÜGEN.

SÜSS-SAURE KOHLSUPPE

FÜR 8 PERSONEN

Die Kombination von süß und sauer ist in der jüdischen Küche Osteuropas sehr beliebt. Vielleicht ist das der Grund für die Begeisterung der Juden für diese Geschmacksrichtung in der chinesischen Küche!

- 1 kg Rinderbrust
- 1 Markknochen (nur, wenn er problemlos zu bekommen ist)
- 2 Zwiebeln, gehackt
- 2 Karotten, fein gehackt
- 2 große Tomaten, geschält, entkernt und gehackt
- 1 kleiner Kohlkopf, geviertelt, ohne Strunk und fein geraspelt
- 90 g Rosinen
- Saft von 2 Zitronen
- 60 g heller brauner Zucker
- Salz
- Schwarzer Pfeffer aus der Mühle

☐ Rindfleisch (und eventuell den Markknochen) mit 2 l Wasser in einen großen Topf geben. Bei mittlerer bis starker Hitze zum Kochen bringen. Den Schaum von der Oberfläche abschöpfen und 5 Min. kochen lassen, dabei, falls nötig, abschäumen. Die Hitze reduzieren und 1 Std. sieden.

☐ Kleingeschnittene Zwiebeln, Karotten und Tomaten zufügen und noch mindestens eine Stunde sieden, bis das Fleisch weich ist. Das Fleisch und den Knochen entfernen.

☐ Den geschnittenen Kohl und die Rosinen in die Suppe geben. Abdecken und 20-30 Min. sieden, bis der Kohl gerade weich ist. Etwas Wasser zufügen, falls die Suppe zu sehr eingedickt ist.

☐ In der Zwischenzeit das Fleisch in kleine Stücke schneiden. Den Markknochen wegwerfen. Die Fleischstücke zusammen mit dem Zitronensaft, Zucker, Salz und Pfeffer zur Suppe geben. Das Verhältnis von süß und sauer nach Belieben abschmecken. Weitere 10 Min. sieden und heiß servieren.

BORSCHT AUS ROTEN RÜBEN.

PILZ-GERSTEN-SUPPE

FÜR 8 PERSONEN

In den feuchten Wäldern Osteuropas findet man viele Wildpilze, daher ist diese Suppe ein Lieblingsgericht der Juden, die aus diesen Ländern stammen. Oft ist Rinderbrühe die Grundlage, aber dieses Rezept bietet eine vegetarische Variante. In beiden Fällen ist die Suppe nahrhaft und sättigend. Sie wird mit Gerste angedickt, und die Pilze geben ihr viel Geschmack. Eine Prise Dill ist eine wohlschmeckende Garnitur.

- 60 g getrocknete Pilze (siehe Anmerkung)
- 1 EL Pflanzenöl
- 1 Zwiebel, fein gehackt
- 2 Karotten, fein gehackt
- 1 kleine weiße Rübe, geschält und fein gehackt
- 500 g Champignons, gehackt
- 250 g Gerstengraupen
- 1 TL Salz
- Schwarzer Pfeffer aus der Mühle
- Gehackter frischer Dill zum Garnieren

☐ Die getrockneten Pilze in eine kleine Schüssel geben. Mit heißem Wasser bedecken und 20 Min. einweichen. (Oder den Anweisungen auf der Packung folgen.)

☐ In der Zwischenzeit das Öl in einer großen Kasserolle oder einem Topf erhitzen. Die Zwiebel 3–5 Min. anbraten, bis sie weich ist. Karotten, weiße Rübe, Champignons und Gerstengraupen zugeben. Das Gemüse mit kaltem Wasser bedecken.

☐ Bei starker Hitze aufkochen. Den Schaum von der Oberfläche abschöpfen, Hitze reduzieren und 30–35 Min. sieden, bis das Gemüse gerade weich ist. Bei Bedarf Wasser zufügen.

☐ Die eingeweichten Pilze vorsichtig mit einem Schaumlöffel aus der Einweichflüssigkeit heben; dabei die Flüssigkeit nicht über die Pilze gießen, da sonst der Sand wieder auf die Pilze gelangt. Pilze in Scheiben schneiden und in die Suppe geben.

☐ Die Einweichflüssigkeit durch ein mit einem Musselintuch ausgelegtes Sieb gießen und zur Suppe geben. Noch 20–30 Min. weiterkochen, bis sich Geschmack entwickelt hat. Heiß und mit gehacktem frischem Dill garniert servieren.

ANMERKUNG

VERWENDEN SIE KEINE CHINESISCHEN ODER JAPANISCHEN TROCKENPILZE, SONDERN GETROCKNETE STEINPILZE. MAN FINDET SIE MEIST IN DELIKATESSENGESCHÄFTEN ODER DEN FEINKOSTABTEILUNGEN GUT SORTIERTER SUPERMÄRKTE. IHR GESCHMACK IST INTENSIVER ALS DER FRISCHER PILZE.

LINSENSUPPE

FÜR 8 PERSONEN

Das Alte Testament erzählt, für eine solche Suppe habe Esau sein Erstgeburtsrecht verkauft. Das mag übertrieben sein, aber diese Suppe ist in Israel sehr beliebt und wird in ganz Osteuropa als wärmende Mahlzeit im Winter serviert. Verwenden Sie möglichst rote Linsen, denn sie müssen nicht eingeweicht werden und haben eine intensive, appetitanregende Farbe. Damit die Suppe neutral ist, sollten Sie Pflanzenöl und Wasser oder Gemüsebrühe verwenden.

- 2 EL Hühnerfett
- 2 Zwiebeln, fein gehackt
- 2 Stangensellerie, fein gehackt
- 2 Karotten, fein gehackt
- 375 g rote oder braune Linsen (bei der Verwendung von braunen Linsen der Packungsanweisung gemäß einweichen)
- 2 l Rinderbrühe oder Wasser
- Salz
- Schwarzer Pfeffer aus der Mühle
- 1 TL gemahlener Muskat oder gemahlene Nelken
- gehackte frische Petersilie zum Garnieren

☐ Das Hühnerfett in einem großen Topf oder einer Kasserolle bei mittlerer Hitze schmelzen. Die Zwiebeln hineingeben und 3–5 Min. anbraten, bis sie weich sind und Farbe annehmen. Sellerie, Karotten und Linsen zufügen. Rinderbrühe und soviel Wasser zugießen, daß das Gemüse gut bedeckt ist.

☐ Aufkochen und den Schaum von der Oberfläche abschöpfen. Die Hitze reduzieren, abdecken und 45–50 Min. sieden, bis das Gemüse und die Linsen weich sind. Bei Bedarf etwas Wasser zufügen. (Braune Linsen können eine längere Kochzeit benötigen.)

☐ Die Hälfte der Suppe in einen Mixer geben und pürieren. Das Püree wieder zur restlichen Suppe gießen. Nach Geschmack mit Salz und Pfeffer würzen und gemahlenen Muskat oder Nelken zugeben. Heiß und mit gehackter Petersilie garniert servieren.

KLASSISCHE HÜHNERSUPPE MIT MATZENKLÖSSCHEN

FÜR 8-10 PERSONEN

Hühnersuppe gilt als das »jüdische Penicillin«, denn jüdische Mütter sind davon überzeugt, daß sie sämtliche Krankheiten heilt! Diese einfache Suppe wird überall auf der Welt zubereitet, und es hängt von der jeweiligen Region ab, welche Gewürze verwendet werden. Matzenklößchen sind eine der beliebtesten Einlagen, aber man kann sie auch mit Nudeln, Reis, winzigen Quadraten aus Matzen oder Maultaschen aus Teig (Kreplach) essen.

- 1 großes Suppenhuhn, etwa 2,25 kg schwer, geviertelt (lassen Sie sich vom Metzger Innereien, Hals und Füße, aber nicht die Leber mitgeben)
- 3 Karotten, in Stücke geschnitten
- 2 mittelgroße Zwiebeln, grob geputzt, mit einigen Außenhäuten
- 2 Stangensellerie
- 3 Stangen Lauch, kleingeschnitten und gut gespült
- 1 reife Tomate, geviertelt und entkernt
- 2 Knoblauchzehen, geschält
- 2 Würfel Hühnerbrühe (nach Belieben)
- 1 EL schwarze Pfefferkörner
- 1 TL Salz
- Stengel von einem kleinen Bund frischer Petersilie
- gehackte frische Petersilie zum Garnieren

MATZENKLÖSSCHEN (KNEIDLACH)

- 125 g mittelfeines Matzenmehl
- 1/2 TL Salz
- 1/2 TL schwarzer Pfeffer aus der Mühle
- 1/4 TL gemahlener Ingwer
- 1/4 TL Zimt
- 250 ml kochendes Wasser
- 2 EL abgezogene Mandeln, sehr fein gemahlen
- 2 EL Hühnerfett oder weiche Margarine
- 1 Ei, verquirlt

☐ Überflüssiges Fett aus dem Körper und von der Haut des Huhns entfernen. (Das Fett kann zum Schmalzkochen aufbewahrt werden, siehe Seite 14.) Gelbe oder grüne Stellen der Innereien abschneiden. Hühnerstücke, Innereien, Hals und Füße in eine große Schüssel legen. Mit kochendem Wasser übergießen und abtropfen lassen. Die harte Haut von den Füßen abkratzen.

☐ Hühnerstücke, Hals und Füße in einen großen Topf legen und mit kaltem Wasser bedecken. Bei starker Hitze aufkochen, dann den Schaum von der Oberfläche abschöpfen. Innereien und die übrigen Zutaten für die Suppe außer der gehackten Petersilie zufügen, und aufkochen. Schaum abschöpfen. Auf niedrige Hitze schalten und etwa 3 Std. sieden lassen.

☐ Die Suppe durch ein Sieb in eine große, hitzebeständige Schüssel gießen. Hühnerstücke und Innereien beiseite legen. Die Suppe abkühlen lassen, dann zugedeckt über Nacht in den Kühlschrank stellen. Das Fleisch von den Hühnerknochen ablösen und in kleine Stücke schneiden. Die Innereien in kleine Stücke schneiden und zum Fleisch geben. Abgedeckt über Nacht in den Kühlschrank stellen.

☐ Die Matzenklößchen zubereiten. In einer großen Schüssel das Matzenmehl mit Salz, Pfeffer, Ingwer und Zimt mischen. Mit kochendem Wasser übergießen und verrühren. Die fein gemahlenen Mandeln, Hühnerfett oder weiche Margarine und das geschlagene Ei zufügen. Vermischen und für mindestens 2 Std. in den Kühlschrank stellen.

☐ Zum Servieren die kalte Suppe aus dem Kühlschrank nehmen und vorsichtig das erkaltete Fett von der Oberfläche entfernen. In einen großen Topf geben, das in Stücke geschnittene Hühnerfleisch und die Innereien zufügen und aufkochen.

☐ Den Teig für die Matzenklößchen aus dem Kühlschrank nehmen. Mit einem Löffel kleine Portionen abstechen und zwischen den nassen Handflächen zu Klößchen mit 2,5 cm Durchmesser rollen. Die Klößchen in die siedende Suppe geben und 20-30 Min. ziehen lassen, bis die Matzenklößchen aufgegangen sind und an der Oberfläche schwimmen. Die Suppe nicht kochen lassen, da sonst die Klößchen zerfallen.

☐ Gehackte Petersilie unterrühren und sofort servieren.

EIN VERKAUFSSTAND MIT OBST UND GEMÜSE AUF MENORCA/SPANIEN.

ITALIENISCHE BOHNEN- UND PASTA-SUPPE

FÜR 6 PERSONEN

Bohnensuppen sind in den meisten jüdischen Gemeinden sehr beliebt. Aschkenasim und Sephardim würzen zwar unterschiedlich, aber diese köstlichen Eintöpfe sind als erster Gang oder als leichte Mahlzeit immer willkommen. Die jüdisch-italienische Suppe erhält ihr Aroma durch Salbei, Rosmarin und Basilikum.

- 215 g getrocknete weiße Bohnen- oder Cannelli-Bohnen, mindestens 8 Std. eingeweicht
- 2 EL Olivenöl
- 1 Zwiebel, fein gehackt
- 1 Stangensellerie, fein gehackt
- 1 Karotte, fein gehackt
- 500 g frische Tomaten, geschält, entkernt und gehackt, oder 2 425g-Dosen Eiertomaten, abgetropft und gehackt
- 3–4 Knoblauchzehen, zerdrückt
- 2 Würfel Hühner- oder Gemüsebrühe, zerkrümelt
- 2 Lorbeerblätter
- 2 TL getrockneter Rosmarin
- 1 TL getrockneter Salbei
- 125 g kleine Pasta-Nudeln (Muscheln, Hörnchen oder Rädchen)
- 3 EL gehackte frische Petersilie
- 3 EL gehackte frische Basilikumblätter
- Salz
- Schwarzer Pfeffer aus der Mühle
- Frische Basilikumblätter zum Garnieren

☐ Die eingeweichten Bohnen abgießen und mit 900 ml Wasser in einen großen Topf geben. Bei starker Hitze aufkochen. Schaum von der Oberfläche abschöpfen, die Hitze reduzieren und 1–1½ Std. sieden, bis die Bohnen weich sind. Stets soviel Wasser zufügen, daß die Bohnen bedeckt bleiben. Von der Kochstelle nehmen.

☐ Das Olivenöl in einem zweiten großen Topf bei mittlerer Hitze heiß werden lassen. Die Zwiebeln 4–5 Min. anbraten, bis sie weich werden. Gehackten Stangensellerie und gehackte Karotten zufügen und weitere 4–5 Min. schmoren. Gehackte Tomaten, Knoblauch, Brühwürfel, Lorbeerblätter und Salbei zufügen und aufkochen.

☐ Im offenen Topf etwa 5 Min. köcheln, bis das Gemüse weich ist. Die gekochten Bohnen und 900 ml Kochflüssigkeit zugeben (falls nötig, die Flüssigkeit mit Wasser ergänzen).

☐ Die Suppe aufkochen, die Pasta zufügen und im offenen Topf 8–10 Min. kochen, bis die Pasta weich ist. Gehackte Petersilie und Basilikum einrühren und mit Salz und schwarzem Pfeffer aus der Mühle abschmecken. Jede Portion mit einem frischen Basilikumblatt garnieren.

SCHCHAW

FÜR 8 PERSONEN

Schchaw ist eine russische Sauerampfer-Suppe, die stets kalt serviert wird. Sauerampfer ist oft schwer zu bekommen, sofern man ihn nicht im eigenen Garten anbaut, aber man kann ihn gut durch junge Spinatblätter ersetzen, auch wenn diesen die Säure der Sauerampferblätter fehlt. Diese Suppe wurde früher oft an Schawuot serviert.

- 500 g Sauerampfer- oder junge Spinatblätter, gut abgespült und grob gehackt
- 1 Bund Brunnenkresse, gehackt
- 1 Zwiebel, gehackt
- 1 Stangensellerie, fein gehackt
- 2 l Gemüsebrühe (nach Belieben)
- Saft und abgeriebene Schale einer Zitrone
- 2–3 EL Zucker
- Salz
- Schwarzer Pfeffer aus der Mühle
- Sauerrahm und frische Dillzweige zum Garnieren

☐ Sauerampfer oder Spinat, Brunnenkresse, Zwiebel und Sellerie in einen großen Topf geben und mit 2 l Gemüsebrühe oder Wasser aufgießen. Bei starker Hitze aufkochen, dann mit halb geöffnetem Topf 20 Min. sieden, bis die Brunnenkresse gerade weich ist. Etwas abkühlen lassen.

☐ Die Suppe mit einem Schneidstab oder im Mixer fein pürieren. In den Topf zurückgießen und Saft und Schale der Zitrone, Zucker, Salz und Pfeffer nach Geschmack dazugeben. In einen Topf (kein Metall!) gießen und gut kühlen. Mindestens 3–4 Std. oder bis zum Servieren in den Kühlschrank stellen.

☐ Schchaw in vorgekühlten Suppenschalen, mit einem Schlag Sauerrahm und Dillzweigen garniert, servieren.

ITALIENISCHE BOHNEN- UND PASTA-SUPPE.

Eierspeisen, Blintzen und Pfannkuchen

Haminados

Ei mit Zwiebeln

Rührei mit Räucherlachs

Matzenbrei

Französischer Toast mit Orangen-Challah

Blini mit Räucherlachs und Sauerrahm

Käse-Blintzen mit Erdbeeren

Persische Pfannkuchen mit Joghurt

HAMINADOS

FÜR 8 STÜCK

Diese langsam gekochten Eier sind eine typische sephardische Pes-sach-Speise. Manchmal werden sie in einem Eintopf wie Hamin oder Dfina mitgekocht, aber man kann sie auch problemlos allein zubereiten. Servieren Sie sie als Vorspeise, in Salate geschnitten und bei Grillfesten oder Picknicks zusammen mit Hummus. Zwiebelschalen geben den Eiern ihre goldbraune Farbe.

- 8 große Eier
- Schalen von 8 Zwiebeln
- 1 TL Salz
- 2 EL Olivenöl
- 1/2 TL schwarzer Pfeffer aus der Mühle
- Hummus als Beilage (siehe Seite 24)

☐ Den Backofen auf 180° vorheizen. Alle Zutaten außer dem Hummus in eine feuerfeste Form geben und soviel Wasser dazugießen, bis sie bedeckt sind. Die Form fest verschließen und in den Backofen stellen. Die Hitze sofort auf die kleinste Stufe, etwa 100°, zurückschalten und 6-8 Std. oder über Nacht backen.

☐ Die Eier abgießen und spülen. Sie können warm oder gekühlt mit etwas Hummus serviert werden.

EI MIT ZWIEBELN

FÜR 6 PERSONEN

Dieses einfache Eiergericht ist besonders bei englischen Juden eine beliebte Vorspeise. Es dient auch als Sandwich-Füllung oder wird zusammen mit gehackter Leber serviert. Eine kleine Portion von beidem bildet eine einfache, leicht zuzubereitende Vorspeise für das Abendessen am Schabbat. Dieses Gericht kann mit rohen oder gekochten Zwiebeln angerichtet werden oder auch mit Frühlingszwiebeln, die milder schmecken. Zu Roggen- oder Schwarzbrot schmeckt es köstlich.

- 1 große Zwiebel, geviertelt
- 8 Eier, hartgekocht und geviertelt
- 2–3 EL Hühnerfett oder weiche Margarine
- Salz
- Schwarzer Pfeffer aus der Mühle
- Frische Petersilie zum Garnieren

☐ Die Zwiebel in einem Mixer mit Metallschneide fein hacken. Die Metallschneide durch eine Plastikschneide ersetzen und die geviertelten Eier und das Hühnerfett oder die Margarine zugeben. Die Zutaten zerkleinern, bis sie grob gehackt und gut vermischt sind. Nicht zu lange hacken. Mit Salz und Pfeffer mischen und noch einmal 2–3 Sek. mixen.

☐ In eine Servierschüssel geben und bis zum Servieren kühl stellen. Vor dem Servieren mit Petersilie garnieren.

KOCH-TIP

SERVIEREN SIE DIE EINZELNEN PORTIONEN MIT STREIFEN VON RÄUCHERLACHS.

EIN MÄDCHEN HILFT IN EINEM DER VIELEN KIBBUZIM ISRAELS AUF DEM FELD.

RÜHREI MIT RÄUCHERLACHS

FÜR 4 PERSONEN

Dieses Gericht wird gerne zum Brunch serviert, denn es kann leicht vorbereitet und in letzter Minute gemacht werden. Räucherlachs kann man oft sehr preisgünstig kaufen, und für dieses Gericht benötigt man nicht viel. Er kann auch durch anderen Räucherfisch wie Hering, Stör oder Schellfisch ersetzt werden.

- 60 g Butter oder Margarine
- 1 große Zwiebel, halbiert und in dünne Scheiben geschnitten
- 10 große Eier
- Salz
- Schwarzer Pfeffer aus der Mühle
- 250 g Räucherlachs in Scheiben
- Frische Petersilie zum Garnieren

☐ 30 g Butter oder Margarine in einer großen Pfanne bei mittlerer bis geringer Hitze schmelzen. Die Zwiebel 8–10 Min. anbraten, bis sie weich und hellbraun ist.

☐ Eier mit Salz und Pfeffer in einer großen Schüssel schaumig schlagen. Die restliche Butter oder Margarine in der Pfanne mit den Zwiebeln schmelzen und die Eimischung dazugießen. Die Eier bei geringer Hitze unter ständigem Rühren stocken lassen.

☐ Kurz bevor die Eier fest werden, vorsichtig den Räucherlachs unterrühren. Mit Petersilie garnieren und sofort servieren.

MATZENBREI

Matzenbrei ist ein milchiges Gericht, das für das Pessachfest koscher ist. Es ist schnell und leicht zubereitet und bei Kindern sehr beliebt. Servieren Sie es mit Apfelmus und Sauerrahm.

- 2 ganze Matzen
- 125 ml Milch oder Wasser
- 2 Eier, verquirlt
- Salz
- Schwarzer Pfeffer aus der Mühle
- 1/4 TL Zimt (nach Belieben)
- 30 g Butter oder neutrale Margarine
- Zucker und Zimt zum Bestreuen
- Als Beilage: Apfelmus und Sauerrahm

☐ Die Matzen in kleine Stücke brechen und in eine große, flache Schüssel geben. Mit Milch oder Wasser übergießen und etwa 5 Min. stehenlassen, bis die Matzen weich sind und die Milch zum Teil aufgesogen ist.

☐ Eier, Salz, Pfeffer und eventuell Zimt unterrühren.

☐ Butter oder Margarine in einer mittelgroßen Pfanne bei mittlerer Hitze schmelzen. Die Eier-Matzen-Mischung hineingeben und abdecken. 10 Min. braten, bis die Unterseite goldbraun ist. Mit einem breiten Messer vorsichtig wenden und weitere 3 Min. braun braten. In Segmente geschnitten und mit Zucker und Zimt bestreut servieren. Apfelmus und Sauerrahm dazu reichen.

FRANZÖSISCHER TOAST MIT ORANGEN-CHALLAH

FÜR 6 PERSONEN

Die Challah sollte ziemlich dick geschnitten und so in die Eiermischung gelegt werden, daß die Außenseite beim Braten knusprig braun wird, während sie Innen weich und feucht bleibt. Mit Ahornsirup servieren oder mit Puderzucker bestäuben.

- 4 Eier, gut verquirlt
- 1/2 TL Salz
- 2 EL Zucker
- 250 ml Orangensaft
- 1/2 TL Vanilleextrakt
- 125–250 ml Milch
- 12 Scheiben Challah-Brot (siehe Seite 126), jede etwa 2 cm dick
- Butter zum Braten, zerlassen
- Ahornsirup oder Puderzucker als Beilage
- Orangenscheiben zum Garnieren (nach Belieben)

☐ Die Eier in einer großen, flachen Backform mit Salz, Zucker, Orangensaft, Vanille und 125 ml Milch verquirlen. (Abhängig von der Größe der Brotscheiben benötigt man vielleicht etwas mehr Milch.)

☐ Die Brotscheiben in die Eimischung legen und 2 Min. stehenlassen. Dann die Brotscheiben wenden und noch etwa 5 Min. einweichen lassen, bis die Eimischung vollständig aufgesogen ist.

☐ 45 g Butter in einer großen Pfanne bei mittlerer Hitze schmelzen. Die eingeweichten Brotscheiben hineinlegen und 3–5 Min. braten, bis die Unterseite goldbraun ist. Dann die Brotscheiben mit einem breiten Messer wenden und noch 1–2 Min. braun braten.

☐ Sofort mit Ahornsirup oder Puderzucker servieren. Mit Orangenscheiben garnieren.

BLINI MIT RÄUCHERLACHS UND SAUERRAHM

FÜR 6 PERSONEN

Blini sind russische Pfannkuchen aus Buchweizenmehl. Sie haben einen nussigen Geschmack, der durch Räucherlachs mit Sauerrahm noch betont wird. Weniger extravagant kann man die Blini auch mit gehacktem Rettich und Gurken, Frühlingszwiebeln und Kapern servieren. Blini eignen sich wunderbar zum Brunch oder für ein leichtes Mittag- oder Abendessen.

- 60 ml lauwarmes Wasser
- 1 1/2 TL Trockenhefe
- 60 g Mehl
- 90 g Buchweizenmehl
- 1/2 TL Salz
- 250 ml Milch
- 2 Eier, getrennt
- 60 g Butter oder Margarine
- 4 Frühlingszwiebeln, diagonal in dünne Scheiben geschnitten
- 125 ml Sauerrahm
- Frische Schnittlauchröllchen zum Garnieren
- 2 EL Sauerrahm
- 125 g Räucherlachs in dünnen Scheiben

KOCH-TIP

BLINI KÖNNEN AUCH AUS WEIZENMEHL HERGESTELLT WERDEN, SCHMECKEN ABER AUS BUCHWEIZENMEHL VIEL BESSER. MAN BEKOMMT ES IN NATURKOSTLÄDEN ODER GROSSEN SUPERMÄRKTEN.

☐ Lauwarmes Wasser in eine kleine Schüssel gießen und die Trockenhefe einstreuen. 5 Min. stehenlassen, bis die Hefe schaumig wird und Blasen wirft.

☐ Mehl und Buchweizenmehl mit dem Salz in eine große Schüssel sieben und in die Mitte eine Vertiefung drücken. 190 ml lauwarme Milch mit der Hefemischung in die Vertiefung gießen. Mit einem Schneebesen nach und nach das Mehl unterrühren, so daß ein glatter Teig entsteht. Die Schüssel mit einem sauberen Geschirrtuch abdecken und 3 Std. lang an einen warmen Ort stellen, bis der Teig locker und luftig ist.

☐ Die restlichen 60 ml Milch unter den Teig rühren, das Eigelb aufschlagen und mit der Hälfte der zerlassenen Butter und dem Sauerrahm ebenfalls unterrühren.

☐ Das Eiweiß in einer anderen Schüssel mit dem Handrührgerät bei mittlerer Geschwindigkeit nicht zu steif schlagen und unter den Blini-Teig heben. (Nicht zu stark verrühren, einige verbleibende weiße Stellen verschwinden beim Backen.)

☐ Die restliche Butter in einer großen Pfanne bei mittlerer bis starker Hitze zerlassen. Den Teig mit einem Schöpflöffel so in die Pfanne geben, daß kleine Pfannkuchen entstehen. Etwa 2 Min. backen, bis die Unterseite hellbraun ist. Die Blini wenden und noch weitere 1–2 Min. backen. Auf diese Weise den gesamten Teig verarbeiten, bei Bedarf zusätzlich Butter in die Pfanne geben. (Falls nötig die Blini bei 150° im Backofen warm halten.)

☐ Die Blini auf Portionstellern oder einer großen Servierplatte anrichten. Den Räucherlachs auf die Blini verteilen, und alle Blini mit einigen Scheiben Frühlingszwiebeln und einem Löffel Sauerrahm dekorieren. Mit Schnittlauch bestreuen und warm servieren.

BLINI MIT RÄUCHERLACHS UND SAUERRAHM.

KÄSE-BLINTZEN MIT ERDBEEREN

FÜR 6–8 PERSONEN

Blintzen stehen auf der ganzen Welt symbolisch für die jüdische Küche, ihr Name stammt vom jiddischen Wort für Pfannkuchen. Blintzens sind einfache Crêpes oder Pfannkuchen, die süß mit Quark oder Früchten oder pikant mit Kartoffeln, Pilzen, Hühnerleber, Kohl oder Fleisch gefüllt werden. Mit Käsefüllung und Früchten sind Blintzen ein Standardgericht in jüdischen Restaurants, und sie sind auch eine ideale Milchspeise zum Pessachfest, an Schawuot oder an jedem anderen Tag.

- 3 große Eier
- 1/2 TL Salz
- 1/2 TL Zucker
- 30 g Butter oder Margarine, zerlassen
- 375 ml Milch oder Wasser
- 75 g Mehl
- Butter oder Margarine zum Braten, zerlassen

FÜLLUNG

- 500 g fetter oder einfacher Hüttenkäse
- 175 g Frischkäse oder Quark
- 60 g Zucker
- 1 TL Vanilleextrakt
- 500 g Erdbeeren, Tiefkühlerdbeeren vorher auftauen
- Zucker
- Saft und abgeriebene Schale einer Zitrone

☐ In einer großen Schüssel Eier, Salz, Zucker, zerlassene Butter oder Margarine und Milch oder Wasser gut verrühren.

☐ Das Mehl in eine mittelgroße Schüssel sieben und in die Mitte eine Vertiefung drücken. Die Eiermischung langsam in die Vertiefung gießen und sie dabei mit einem Schneebesen nach und nach mit dem Mehl vom Rand vermischen. Weiterrühren, bis der Teig glatt ist. Abdecken und etwa 1 Std. kühl stellen. (Der Teig kann eindicken, falls nötig mit Milch oder Wasser verdünnen.)

☐ Eine Crêpepfanne oder Bratpfanne bei mittlerer Hitze heiß werden lassen. Mit etwas zerlassener Butter ausstreichen. 3–4 EL (etwa 60 ml) Teig in die Crêpepfanne gießen, dabei die Pfanne in alle Richtungen drehen, um den Boden mit Teig zu bedecken. Etwa 2 Min. backen, bis die Oberfläche fest und die Unterseite hellbraun ist. Die Ränder mit einem Spachtel lösen, die Crêpe wenden und noch 10 Sekunden backen. Die fertigen Blintzen auf Butterbrotpapier gleiten lassen. Den letzten Arbeitsschritt wiederholen, bis der gesamte Teig verbraucht ist, dabei die einzelnen Blintzen mit Butterbrotpapier getrennt stapeln. (Die Blintzen können sofort verzehrt, im Kühlschrank aufbewahrt oder eingefroren werden.)

☐ Den Backofen auf 180° vorheizen. Eine rechteckige Blechbackform von etwa 37,5 x 25 cm mit Butter oder Margarine ausstreichen.

☐ Die Füllung zubereiten. In einer mittelgroßen Schüssel mit einem Handrührgerät bei mittlerer Geschwindigkeit Hüttenkäse, Frischkäse, Zucker und Vanille zu einem glatten Teig verarbeiten.

☐ Auf einer sauberen Arbeitsfläche 1 gehäuften EL der Käsemischung in die Mitte jeder Blintze geben. Die Seiten zur Mitte hin falten, so daß jede Seite etwa die Hälfte der Füllung bedeckt. Die Blintzen vom unteren Ende her aufrollen. Eng nebeneinander in die gebutterte Form legen, jede Blintze mit etwas Butter bestreichen und etwa 10 Min. backen.

☐ Die Erdbeeren abzupfen. 6–8 Erdbeeren längs halbieren und beiseite stellen. Die Hälfte der verbleibenden Erdbeeren mit etwas Zucker, Zitronensaft und geriebener Zitronenschale im Mixer oder mit dem Schneidstab zu einem glatten Püree zerkleinern. Die übrigen Erdbeeren kleinschneiden und zum Püree geben. Nach Bedarf noch Zucker zufügen.

☐ Zum Servieren zwei Blintzen auf einen Teller legen, etwas Erdbeersoße darübergeben und mit 2 Erdbeerhälften garnieren.

ANMERKUNG

FÜR PESSACH KANN DER BLINTZEN-TEIG MIT KARTOFFELMEHL UND WASSER ZUBEREITET WERDEN. DIE MISCHUNG IST DANN ETWAS DÜNNER, UND DIE BLINTZEN WERDEN KNUSPRIGER.

PERSISCHE PFANNKUCHEN MIT JOGHURT

FÜR 4 PERSONEN

Diese köstlichen »grünen« Pfannkuchen, die fast wie Schmalzgebäck aussehen, backt man in der Grenzregion zwischen Pakistan und dem Iran. Man ißt sie ohne weitere Zutaten mit Joghurt oder Frischkäse oder als Beilage zu scharfen Currys.

- 400 g Spinat, Mangold oder Brunnenkresse, gehackt
- jeweils 2 große Zweige Korianderkraut, Petersilie und Dill
- 2 kleine Lauchstangen oder 4 große Frühlingszwiebeln, in dünne Scheiben geschnitten
- 6 Eier, verquirlt
- Salz
- Schwarzer Pfeffer aus der Mühle
- 1/4 TL gemahlener Muskat
- 125 g Matzenmehl
- Pflanzenfett zum Braten
- Als Beilage: Joghurt, Sauerrahm oder Frischkäse
- Koriander oder Dill zum Garnieren

☐ In einem Mixer mit Metallschneide Spinat, Mangold oder Brunnenkresse mit den Kräutern und Lauch oder Frühlingszwiebeln zu einem glatten Püree vermischen. In eine große Schüssel füllen. Die geschlagenen Eier, Salz und Pfeffer nach Geschmack sowie Muskat zugeben. Das Matzenmehl unterrühren. Der Teig sollte sehr dickflüssig sein.

☐ 2 EL Öl in einer großen Pfanne bei starker Hitze erwärmen. Den Teig eßlöffelweise in die Pfanne geben und etwa 2 Min. backen, bis die Unterseite hellbraun ist, dann wenden und weitere 2 Min. backen. Auf Küchenpapier abtropfen lassen und warm halten. Den letzten Arbeitsgang wiederholen, bis der gesamte Teig verbraucht ist, falls nötig, weiteres Öl in die Pfanne geben. (Im Backofen bei 150° warm halten, bis der Teig verbraucht ist.) Heiß mit Joghurt, Sauerrahm oder Frischkäse und mit Korianderkraut oder Dill garniert servieren.

Geflügel- und Fleischgerichte

Pikantes Brathuhn mit Matzenfüllung

Gebratene Gans mit fruchtiger Füllung

Würziges Grillhuhn

Huhn mit Walnüssen und Granatäpfeln

Gebratene Ente auf israelische Art

Stubenküken auf nordafrikanische Art

Chili-Huhn nach der Art von Cochin

Würzige Truthahnschnitzel

Huhn auf indisch-jüdische Art

Sinijeh

Rinderzunge mit süss-saurer Sosse

Mexikanischer Rindfleisch-Zimmes

Hamin

Süss-sauer gefüllter Kohl

Schmorfleisch mit Zwiebelsosse nach traditioneller Art

Tscholent

Schaschlik

Gefülltes Pessach-Lamm

PIKANTES BRATHUHN MIT MATZENFÜLLUNG

FÜR 4 PERSONEN

Diese Matzenfüllung wird gewöhnlich für das Pessachfest zubereitet, aber da sie so köstlich ist, sollte man sie jederzeit servieren. Kreuzkümmel und Kurkuma, die die typischen Gewürze Marokkos, Tunesiens und anderer arabischer Länder sind, machen den Geschmack des Huhns sehr interessant.

MATZENFÜLLUNG

- 2–3 Matzen
- 125 ml Hühnerbrühe, Hühnerfond oder Wasser, erhitzt
- 1 EL Oliven- oder Pflanzenöl
- 1 große Zwiebel, gehackt
- 2 Stangensellerie, fein gehackt
- Salz
- Schwarzer Pfeffer aus der Mühle
- $^1/_2$ TL gemahlener Kreuzkümmel (nach Belieben)
- $^1/_4$ TL Kurkuma (nach Belieben)
- 1 EL gehackte frische Petersilie
- 1 Ei, verquirlt

- 1 1,6–1,8 kg schweres Brathuhn
- 1 Zitrone, halbiert
- Salz
- Schwarzer Pfeffer aus der Mühle
- 1 TL gemahlener Kreuzkümmel
- $^1/_4$ TL gemahlener Kurkuma
- 1 EL Olivenöl
- 1 Zwiebel, in dünne Scheiben geschnitten
- Frische Petersilie zum Garnieren

☐ Die Füllung vorbereiten. Die in kleine Stücke zerbrochenen Matzen in eine große Schüssel geben. Mit heißer Hühnerbrühe, Fond oder Wasser übergießen und stehenlassen, bis die Flüssigkeit aufgesogen ist.

☐ Öl in einer großen Pfanne bei mittlerer Hitze erwärmen. Zwiebel und Sellerie 3–4 Min. anbraten, bis sie weich werden. Nach Geschmack salzen und pfeffern und nach Belieben Kreuzkümmel und Kurkuma einstreuen. Unter ständigem Rühren 4–5 Min. weiterbraten, bis die Mischung goldfarben ist. Die eingeweichten Matzen unterrühren, von der Kochstelle nehmen und abkühlen lassen. Gehackte Petersilie und das verquirlte Ei einrühren.

☐ Den Backofen auf 200° vorheizen. Alles überflüssige Fett von dem Brathuhn innen und außen entfernen. Unter kaltem fließendem Wasser waschen und mit Küchenpapier trockentupfen. Mit der einen Hälfte der Zitrone die Außenseite des Huhns gut einreiben, die andere Hälfte in die Körperhöhlung auspressen. Das Huhn salzen und pfeffern und mit Kreuzkümmel und Kurkuma würzen. Mit Olivenöl einreiben oder bestreichen.

☐ Die Füllung mit einem Löffel in das Huhn geben und, falls nötig, mit Fleischspießen oder Zahnstochern die Öffnung verschließen. Die Zwiebelscheiben in einen mittelgroßen Bräter geben und das Huhn darauflegen. 1 $^1/_4$–1 $^1/_2$ Std. braten und dabei gelegentlich mit dem Bratensaft begießen. Nach der Hälfte der Bratzeit 125–250 ml Wasser zugeben, um den Satz zu lösen. Das Huhn ist durchgebraten, wenn klarer Saft herausläuft, sobald ein Bein mit einem Messer oder Fleischspieß angestochen wird.

☐ Das Huhn auf ein Brett legen und locker mit Folie bedecken. An einem warmen Ort 10–15 Min. ruhen lassen.

☐ Bratensaft und Zwiebel in einen kleinen Topf geben. Zum Kochen bringen, etwas reduzieren und dabei den Schaum von der Oberfläche abschöpfen. In eine Soßenterrine füllen. Das Huhn auf eine Servierplatte legen und mit Petersilie garnieren. Um das Servieren zu erleichtern, kann die Füllung in einer separaten Schüssel gereicht werden.

GEBRATENE GANS MIT FRUCHTIGER FÜLLUNG

FÜR 6–8 PERSONEN

In der jüdischen Küche des 16. Jahrhunderts spielte die Gans eine so wichtige Rolle, daß sie in Deutschland »Judenvogel« genannt wurde. Man aß nicht nur das Fleisch und ließ das Fett aus, um es als Bratfett zu verwenden, sondern verkaufte auch die Federn und Daunen und verarbeitete die Leber zu Pastete. Heute ist Israel weltweit einer der Hauptlieferanten für Gänse und Gänseleber. In Nordeuropa wird die Gans oft mit Äpfeln oder einer Füllung, die Äpfel enthält, gefüllt. Diese fruchtige Füllung kann nach Belieben auch in einem Extratopf gebacken werden, und die passendste Beilage sind Bratkartoffeln (natürlich in Gänsefett gebraten!).

- 1 3,6–4,5 kg schwere junge Gans, aufgetaut, wenn sie tiefgekühlt war
- Salz
- Schwarzer Pfeffer aus der Mühle
- 1 EL Pflanzenöl
- 1 große Zwiebel, gehackt
- 6–8 sauere Äpfel, geschält, entkernt und kleingeschnitten
- 90 g Rosinen
- 100 g getrocknete Aprikosen, gehackt
- 215 g Pflaumen, gehackt
- 1 425g-Dose gekochte und geschälte Kastanien in Wasser, abgetropft
- 1/2 TL zerkrümelter, getrockneter Salbei
- 1 EL gehackte frische Petersilie
- 1 EL Pfeilwurzstärke
- 125 ml Apfelsaft
- 1 EL Obstessig
- Brunnenkresse und Apfelstückchen zum Garnieren

☐ Alles überflüssige Fett innen und außen von der Gans entfernen (wegwerfen oder als Bratfett auslassen). Die fetten Fleischlappen am Schwanzende abschneiden. Die Haut und das Innere der Gans salzen und pfeffern. Die Haut rundherum einstechen, damit das Fett während des Bratens austreten kann.

☐ Das Pflanzenöl in einer großen Pfanne bei mittlerer bis starker Hitze heiß werden lassen. Die Zwiebel 4-5 Min. anbraten, bis sie weich ist. Äpfel, Rosinen, Pflaumen, Aprikosen und Kastanien zugeben und mit Salbei und Petersilie bestreuen. 2 EL Wasser einrühren und 2-3 Min. dünsten, bis die Flüssigkeit verdampft ist. Von der Kochstelle nehmen und etwas abkühlen lassen.

☐ Den Backofen auf 230° vorheizen. Die Füllung mit einem Löffel in das Innere der Gans geben und mit Fleischspießen verschließen oder mit Küchengarn zunähen. Die Gans mit dem Rücken auf ein Bratblech legen und 30 Min. braten.

☐ Die Backofenhitze auf 180° reduzieren. Die Gans aus dem Ofen nehmen, das Fett abgießen und die Gans noch einmal rundherum einstechen. Die Gans auf die Brustseite drehen und noch 1 1/2 Std. braten, dabei 3-4 mal das Fett vom Bratblech über die Gans schöpfen. Wenn kein Fett mehr austritt, 250 ml Wasser in das Bratblech geben und weiterschmoren, bis die Gans durchgebraten ist. Leicht gelblicher oder klarer Saft sollte austreten, wenn ein Bein mit einem Fleischspieß angestochen wird.

☐ Wenn die Gans durchgebraten ist, auf eine Servierplatte legen, mit Alufolie abdecken und 20 Min. an einem warmen Ort ruhen lassen.

☐ Das Fett im Bratblech bis auf 1 EL abgießen. Pfeilwurzstärke, Apfelsaft und Essig verrühren und mit 125 ml Wasser auf das Blech geben, bei Bedarf mehr Wasser zufügen. Nach Geschmack mit Salz und Pfeffer würzen. Unter Rühren aufkochen und dabei den Bratensatz vom Blech abkratzen. Die Hitze reduzieren und 5 Min. köcheln lassen. In eine Soßenterrine gießen. Brunnenkresse und Apfelstückchen um die Gans garnieren und die Soße separat servieren.

SCHABBAT-HUHN AUF ARGENTINISCHE ART.

WÜRZIGES GRILLHUHN

FÜR 6–8 PERSONEN

Gegrillte Speisen sind in Israel noch beliebter als in den Vereinigten Staaten, und ihre Variationsbreite ist erstaunlich. An jeder Straßenecke findet man ein offenes Feuer, über dem Fleischspieße, Hühnchen, Hühnerherzen, Gemüse und alle Arten von Pasteten gegrillt werden. Probieren Sie dieses einfache Hähnchengericht aus. Mit reichlich Kartoffelsalat und Israelischem Salat (siehe Seite 91 und 89) servieren.

- 1,8-2,25 kg Huhn, in Stücke geschnitten
- 2 EL Olivenöl
- 2 EL gemahlener Kreuzkümmel
- 1 1/2 TL Kurkuma
- 1 TL scharfer oder milder Paprika oder Chilipulver
- Frische Korianderblätter zum Garnieren

☐ Die Hühnerstücke mit Olivenöl einreiben. Auf ein Backblech legen und von beiden Seiten gleichmäßig mit den Gewürzen bestreuen. Während des Vorheizens des Grills ruhen lassen.

☐ Den Grillrost etwa 12,5 cm über die glühenden Kohlen hängen. Die Hühnerbeine und -flügel auf den Rost legen und 10 Min. grillen. Dann die Bruststücke auf den Rost geben und weitere 7–10 Min. grillen. Den Rost höher hängen, falls die Hühnerstücke zu schnell braun werden.

☐ Die Hühnerstücke wenden. Die Bruststücke noch 7–10 Min., die Beine und Flügel noch 12–15 Min. weitergrillen, bis klarer Saft austritt, wenn das Fleisch mit einem Messer oder Fleischspieß angestochen wird.

☐ Die Hühnerstücke auf einer großen Servierplatte anrichten und mit Korianderblättern garnieren.

KOCH-TIP

LAMMFLEISCHWÜRFEL KÖNNEN AUF DIESELBE ART ZUBEREITET WERDEN.

HUHN MIT WALNÜSSEN UND GRANATÄPFELN

FÜR 4 PERSONEN

Der Granatapfel ist eine der symbolträchtigsten Früchte der jüdischen Geschichte. Er ist wichtig an Rosch HaSchana, dem jüdischen Neujahrsfest, und in einigen jüdischen Gemeinden wird sogar das Pessach-Haroset mit Granatapfelkernen zubereitet. Dieses geschmorte Huhn mit Walnüssen und Granatäpfeln ist bei den iranischen Juden ein äußerst beliebtes Gericht. Es kann mit Chelou, einem Reis nach persischer Art (siehe Seite 86), serviert werden.

- 1 1,6–1,8 kg schweres Brathuhn
- Salz
- Schwarzer Pfeffer aus der Mühle
- 2 EL Pflanzenöl
- 1 Zwiebel, fein gehackt
- 275 g Walnüsse, gemahlen oder fein gehackt
- 450 ml Granatapfelsaft oder 125 ml Sirup verdünnt mit 375 ml Wasser
- 2 EL Zitronensaft
- 75 ml kochendes Wasser
- 1 EL Tomatenmark
- 2 Zimtstangen
- 2 EL heller brauner Zucker
- Brunnenkresse, Granatapfelkerne und Walnußhälften zum Garnieren

ANMERKUNG

GRANATAPFELSAFT ERHALTEN SIE IN ASIATISCHEN LEBENSMITTELGESCHÄFTEN.

☐ Das Huhn unter fließendem kaltem Wasser abspülen und innen und außen mit Küchenpapier abtrocknen. Innen- und Außenseite salzen und pfeffern.

☐ Öl in einer großen Kasserolle oder einer schweren, tiefen Pfanne bei mittlerer Hitze heiß werden lassen. Das Huhn 10–15 Min. unter häufigem Wenden anbraten, bis es von allen Seiten goldbraun ist. Auf einen großen Teller legen und beiseite stellen.

☐ Die Zwiebel in die Pfanne geben und 2–3 Min. anbraten, bis sie weich ist. Gemahlene oder gehackte Walnüsse unterrühren und 2–3 Min. gut braun braten. Granatapfelsaft oder Sirupmischung, Zitronensaft und kochendes Wasser dazugießen. Das Tomatenmark und den braunen Zucker einrühren, die Zimtstangen zugeben und kurz aufkochen lassen. Auf schwache Hitze schalten.

☐ Das Huhn wieder in die Pfanne geben und zugedeckt 45–50 Min. kochen, bis es zart ist und klarer Saft austritt, wenn ein Bein mit einem Messer oder Fleischspieß angestochen wird. Das Huhn auf eine Servierplatte legen und zum Warmhalten mit Alufolie bedecken. Falls die Soße zu dünn ist, aufkochen und reduzieren, bis sie leicht eingedickt ist.

☐ Die Soße über das Huhn gießen, die Platte mit Brunnenkresse und Granatapfelkernen garnieren und die Walnußhälften auf dem Huhn verteilen.

VOR ALLEM VON ARABERN WERDEN IN ISRAEL GELEGENTLICH NOCH TRADITIONELLE ANBAUMETHODEN EINGESETZT.

GEBRATENE ENTE AUF ISRAELISCHE ART

FÜR 4 PERSONEN

Neue Entenarten züchtet man in Israel sowohl wegen des Fleisches als auch für die Herstellung von Foie Gras, Leberpastete. Die Mischung aus Orangen und Zucker ergibt einen schönen Glanz, man kann jedoch auch Grapefruitsaft verwenden. Zur Ente serviert man eine einfache Soße oder Apfelmus und Latkes (siehe Seite 73).

- 1 2,25–2,7 kg schwere junge Ente, aufgetaut, falls sie tiefgekühlt war
- Salz
- Schwarzer Pfeffer aus der Mühle
- $^1/_2$ Orange, geviertelt
- 1 EL heller brauner Zucker
- 175 ml frischer Orangensaft
- 1 Zwiebel, in dünne Scheiben geschnitten
- 1 Karotte, in dünne Scheiben geschnitten
- 1 EL Mehl
- 175 ml Hühnerfond oder Wasser
- 1 EL Obstessig oder weißer Branntweinessig
- 1 EL Orangenmarmelade
- Frische Petersilie zum Garnieren

☐ Die Ente unter fließendem kaltem Wasser abspülen. Innen und außen mit Küchenpapier trockentupfen. Überflüssiges Fett von der Haut und aus dem Inneren entfernen. Das Innere der Ente mit Salz und Pfeffer ausstreuen und die Haut mit Salz und Pfeffer einreiben. Die Haut rundum mit einer Gabel einstechen. Die Orangenstücke in das Innere der Ente füllen.

☐ In einer kleinen Schüssel braunen Zucker und 1 TL Salz mit 3–4 EL Orangensaft mischen. Den restlichen Saft aufbewahren.

☐ Den Backofen auf 180° vorheizen. Die Zwiebel- und Karottenscheiben auf das Bratblech geben und die Ente auf einen Rost darüberlegen. Die Ente 30 Min. braten. Aus dem Ofen nehmen und mit Fett begießen. Dann das Fett abgießen und die Haut erneut rundherum einstechen.

☐ Die Ente $1^1/_2$ Std. weiterbraten, dabei alle 20 Min. begießen und das Fett abschöpfen, bis die Ente gut gebräunt und die Haut knusprig ist. Wenn der obere Teil des Schenkels mit einem scharfen Messer oder Fleischspieß angestochen wird, sollte klarer Saft austreten.

☐ Die Ente auf eine Servierplatte legen, mit Alufolie abdecken und 15 Min. ruhen lassen.

☐ Das Fett aus dem Bratblech bis auf 1 EL abgießen. Mehl einrühren. 1–2 Min. unter Rühren kochen und dabei den Bratensatz vom Blech abkratzen. Den restlichen Orangensaft, Hühnerfond oder Wasser, Obstessig oder Essig und Marmelade einrühren, aufkochen lassen und 3–4 Min. kochen, bis die Soße abbindet und eingedickt ist.

☐ Die Soße in eine Terrine füllen und getrennt servieren. Die Ente mit Petersilie garnieren und geviertelt auftragen oder am Tisch tranchieren.

STUBENKÜKEN AUF NORDAFRIKANISCHE ART

FÜR 4 PERSONEN

Couscous ist eine Getreidesorte, mit der in Marokko und Tunesien sehr viele Gerichte gekocht werden, und es bildet eine ideale Grundlage für eine Geflügelfüllung. In diesem Rezept wird es mit typisch nordafrikanischen Gewürzen kombiniert und als Füllung für die beliebten Stubenküken verwendet. Das Couscous kann als Füllung in einem Küken zubereitet oder separat gebacken werden.

- 4 EL Olivenöl
- 1 kleine Zwiebel, fein gehackt
- 2 Knoblauchzehen, geschält und fein gehackt
- 2 cm frische Ingwerwurzel, fein gehackt
- 60 g halbierte Pekannüsse, geröstet und grob gehackt
- 250 g schnellkochendes Couscous
- Salz
- Schwarzer Pfeffer aus der Mühle
- 1/2 TL Zimt
- 60 g Sultaninen
- 100 g weiche, getrocknete Aprikosen, gehackt
- 4 EL gehackte frische oder 1 EL getrocknete Minze
- 250 ml Tomatensaft
- 250 ml kochendes Wasser
- 4 Stubenküken
- 1/2 TL gemahlener Ingwer
- 1/2 TL scharfer Paprika
- Frische Petersilie oder Brunnenkresse zum Garnieren

☐ 2 EL Olivenöl bei mittlerer bis starker Hitze in einer großen Bratpfanne heiß werden lassen. Die Zwiebel 2–3 Min. anbraten. Knoblauch und Ingwerwurzel einrühren und noch 1 Min. weiterbraten, die Pekannüsse zugeben und umrühren.

☐ Das Couscous mit Salz und Pfeffer nach Geschmack, Zimt, Sultaninen, Aprikosen und Minze zugeben und gut verrühren. Tomatensaft und Wasser dazugießen und die Pfanne schütteln, um die Zutaten gleichmäßig zu verteilen. Von der Kochstelle nehmen und 5 Min. zugedeckt stehenlassen. Den Deckel abnehmen und die Mischung mit eine Gabel auflockern. Abkühlen lassen und abschmecken.

☐ Den Backofen auf 190° vorheizen. Die Küken unter fließendem kaltem Wasser abspülen und mit Küchenpapier trockentupfen. Die Vögel mit dem restlichen Olivenöl einreiben; innen mit Salz und Pfeffer ausstreuen, Ingwer und Paprika in die Haut reiben.

☐ Mit einem Löffel etwa 60–75 g der Füllung in jedes Küken geben und die Beine mit einer Schnur zusammenbinden. Die restliche Füllung locker abdecken und beiseite stellen. Eine große Bratform dünn einfetten und die Küken in die Form legen.

☐ Die Küken etwa 1 Std. braten, bis sie knusprig und goldbraun sind und klarer Saft austritt, wenn ein Bein mit einem Messer oder Fleischspieß angestochen wird.

☐ Die Stubenküken auf eine Servierplatte legen und mit Alufolie abdecken. 60 ml Wasser in die Bratform gießen und rühren, dabei den Bratensatz vom Boden der Form kratzen. Das restliche Couscous mit dem Bratensaft übergießen. Die Couscous-Mischung bei mittlerer bis geringer Hitze 2–3 Min. erwärmen, dabei mit einer Gabel rühren und auflockern. In ein Serviergefäß füllen und mit Petersilie oder Brunnenkresse garnieren. Die Stubenküken mit Petersilie oder Brunnenkresse garniert servieren.

FRISCHE, SAFTIGE FRÜCHTE SIND EIN WICHTIGER BESTANDTEIL DER ERNÄHRUNG IN DEN ÖSTLICHEN MITTELMEERLÄNDERN.

CHILI-HUHN NACH DER ART VON COCHIN

FÜR 4 PERSONEN

Dieses Gericht basiert auf einem Rezept, das in der jüdischen Gemeinde von Cochin im südlichen Indien erfunden wurde. Die Schärfe wurde etwas gemildert, denn die Originalmenge an Peperoni wäre für den europäischen Geschmack zuviel. Das Gericht zeigt eine Abwechslung zu dem üblichen geschmorten Hühnchen, und da es warm gehalten werden kann, eignet es sich ausgezeichnet für ein Abendessen am Freitag, an dem es auch in Cochin oft serviert wird. Die passende Beilage ist heißer Reis.

- 2 EL Zitronensaft
- 1 TL Salz
- 2 EL Zucker
- 2 EL Pflanzenöl
- 10–12 frische oder getrocknete Curryblätter, oder 1 TL Currypulver
- 375 g Schalotten, in Scheiben geschnitten
- 6 Knoblauchzehen, fein gehackt
- 2,5 cm frische Ingwerwurzel, fein gehackt
- 5 mittelscharfe grüne Peperoni, entkernt und in sehr feine Scheiben geschnitten
- 2 mittelgroße Tomaten, gehackt
- $^1/_2$ TL Kurkuma
- $^1/_4$ TL Chilipulver
- 1 1,4–1,6 kg schweres Brathuhn, in 8 Teile geschnitten
- 2 EL gehacktes frisches Korianderkraut
- Frische Korianderblätter und Zitronensegmente zum Garnieren

☐ Zitronensaft, $^1/_4$ TL Salz und Zucker in einer kleinen Schüssel verrühren, bis Salz und Zucker aufgelöst sind. Beiseite stellen.

☐ Öl in einer Kasserolle oder einer tiefen Bratpfanne bei mittlerer bis starker Hitze heiß werden lassen. Die Curryblätter oder das Currypulver hineingeben und 10–15 Sekunden rühren, bis es schmort. Schalotten, Knoblauch, Ingwer und Peperoni 5–7 Min. anbraten, bis die Schalotten weich sind und Farbe annehmen. Tomaten, Kurkuma, Chilipulver und das restliche Salz einrühren und weitere 3–4 Min. schmoren.

☐ Das Huhn zur Gemüsemischung geben und die Stücke darin wälzen, um sie mit Gemüse zu bedecken. 250 ml Wasser zugießen und aufkochen. Die Hitze reduzieren und im geschlossenen Topf 20 Min. schmoren, dabei einmal umrühren.

☐ Den Deckel abnehmen und die beiseite gestellte Zitronensaft-Mischung und das gehackte Korianderkraut unterrühren. Auf mittlere Stufe schalten und etwa 10 Min. im offenen Topf köcheln, bis die Soße etwas eingedickt ist. Dabei das Huhn gelegentlich mit der Soße übergießen.

☐ Die Hühnerstücke auf einer Servierplatte anrichten. Mit der Soße übergießen und mit Korianderblättern und Zitronensegmenten garnieren.

WÜRZIGE TRUTHAHNSCHNITZEL

FÜR 4 PERSONEN

Israel produziert große Mengen Truthahn- und Hühnerfleisch, das so zubereitet wird, wie man es sonst von anderen, nicht erhältlichen oder zu teueren Fleischsorten kennt. Kalbfleisch ist fast unerschwinglich, daher wird das altmodische Kalbfleischrezept für Wiener Schnitzel mit Truthahnbrust und in Israel bevorzugten Gewürzen zubereitet. Dies ist eines der beliebtesten Gerichte in Israel.

- 625 g Truthahnbrust, in 8 etwa 1,25 cm dicke Scheiben geschnitten
- 1 TL gemahlener Kreuzkümmel
- 1/2 TL Kurkuma
- 1/2 TL scharfer Paprika
- 1/2 TL Salz
- Schwarzer Pfeffer aus der Mühle
- 1/8 TL Cayennepfeffer oder Chilipulver
- 60 g Mehl
- 2 Eier, verquirlt
- 125 g Matzenmehl oder feine, frisch geriebene Semmelbrösel
- Pflanzenöl zum Braten
- Zitronensegmente und frische Petersilie zum Garnieren

☐ Jede Scheibe Truthahnbrust zwischen zwei Bögen Butterbrotpapier legen und so flach wie möglich klopfen.

☐ Kreuzkümmel, Kurkuma, Paprika, Salz, Pfeffer nach Geschmack und Cayennepfeffer oder Chilipulver in einer kleinen Schüssel mischen. Die Truthahnscheiben mit den Gewürzen einreiben und 30 Min. ziehen lassen.

☐ Mehl, verquirlte Eier und Matzenmehl oder Semmelbrösel auf drei Kuchenteller oder in flache Schüsseln geben. Jede gewürzte Scheibe Truthahnfleisch zuerst in Mehl wälzen und überschüssiges Mehl abklopfen, dann in das geschlagene Ei tauchen, bis sie vollständig mit Ei umhüllt ist, danach in Matzenmehl oder Semmelbröseln wälzen. Auf ein Backblech legen.

☐ Bei mittlerer bis starke Hitze 2–3 EL Öl in einer großen Bratpfanne erhitzen. 2–3 Truthahnscheiben nebeneinander hineinlegen, so daß sie sich nicht überlappen. 2 Min. schnell anbraten, bis die Unterseite goldbraun ist, dann vorsichtig mit einem Fischheber wenden. 1–2 Min. weiterbraten, bis auch die andere Seite braun und das Truthahnfleisch durchgebraten ist. Nacheinander die restlichen Scheiben braten, dabei notfalls noch Öl zugeben. Auf Küchenpapier abtropfen lassen.

☐ Die Truthahnscheiben auf einer ofenfesten Servierplatte anrichten und warm halten, bis alle Scheiben gebraten sind. Die Truthahnschnitzel mit Zitronensegmenten und Petersilienzweigen garnieren.

HUHN AUF INDISCH-JÜDISCHE ART

FÜR 4 PERSONEN

Dieses sehr pikante Gericht wird oft in der Bene-Israel-Gemeinde in Bombay serviert. Es ist ein ideales Essen für den Schabbat und kann problemlos vorbereitet und über Nacht bei sehr niedriger Hitze im Backofen geschmort werden.

- 1,4–1,6 kg Brathuhn
- 125 ml Pflanzenöl
- Salz
- Schwarzer Pfeffer aus der Mühle
- 1 Zwiebel, halbiert und in dünne Scheiben geschnitten
- 2 Knoblauchzehen, fein gehackt
- 2 Lorbeerblätter
- 1 Zimtstange
- 4 ganze Nelken
- 4 Kardamom-Kapseln
- 1 EL Currypulver oder Garam Masala
- 1 EL fein gehackte oder geriebene Ingwerwurzel
- 1/4 TL Kurkuma
- 250 ml Hühner- oder Gemüsebrühe oder Wasser
- Frische Petersilie zum Garnieren

☐ Das Huhn unter fließendem kaltem Wasser abspülen und mit Küchenpapier trockentupfen. Auf einem Schneidbrett die Beine und Schenkel vom Körper trennen und die Knochen aus den Schenkeln lösen. Die Flügelspitzen entfernen, Brust und Flügel abschneiden und jedes Bruststück halbieren. Auf diese Weise erhält man 8 Stücke. (Flügelenden und Karkasse können für eine Suppe verwendet werden.)

☐ Den Backofen auf 130° vorheizen. In einer großen ofenfesten Kasserolle oder einer tiefen Pfanne mit Deckel Öl bei mittlerer bis starker Hitze heiß werden lassen. Die Hühnerstücke hineinlegen, mit Salz und Pfeffer würzen und 5–7 Min. anbraten, bis die Unterseite goldbraun ist. Die Hühnerstücke wenden und die übrigen Zutaten unter sorgfältigem Rühren zugeben.

☐ Die Pfanne gut verschließen und das Huhn im Backofen 1 1/2–2 Std. schmoren. Dabei gelegentlich begießen und etwas Hühnerbrühe oder Wasser zufügen, falls die Flüssigkeit verdampft ist.

☐ Die Hühnerstücke zum Servieren auf eine Platte legen und mit dem Bratensaft begießen, mit Petersilie garnieren.

WÜRZIGE TRUTHAHNSCHNITZEL.

SINIJEH

FÜR 4–6 PERSONEN

Dieses traditionelle jemenitische Gericht ist eine koschere Version des Moussaka, einer griechischen Spezialität. Da die mit Milch zubereitete Béchamelsoße durch Tahinipaste ersetzt wird, eignet sich das Gericht hervorragend für das Schabbat-Abendessen. Servieren Sie es mit Kartoffelbrei oder reichlich Reis und Salat.

- 500 g mageres Lamm-Hackfleisch
- 1 EL Mehl
- 2 Zwiebeln, fein gehackt
- 2 Knoblauchzehen, geschält und fein gehackt
- 2 EL gehackte frische Petersilie oder Korianderkraut
- 1/2 TL Zimt
- Salz
- Schwarzer Pfeffer aus der Mühle
- 1/2 TL Zhug (siehe Seite 11) oder 1/4 TL Cayennepfeffer
- 2 EL Olivenöl
- 30 g Pinienkerne, geröstet
- 125 ml Tahinipaste
- 3–4 EL Zitronensaft

☐ Das Fleisch in eine große Schüssel geben. Mit Mehl bestäuben und wenden, um das Mehl gleichmäßig zu verteilen. Zwiebeln, Knoblauch, Petersilie oder Koriander und Zimt zugeben und gut mischen. Nach Geschmack salzen und pfeffern. Zhug oder Cayennepfeffer, Öl und 2 EL Pinienkerne unterrühren.

☐ Den Backofen auf 180° vorheizen. Eine flache 2 l fassende Backform dünn mit Öl auspinseln und den Fleischteig einfüllen. Die Oberfläche glattstreichen.

☐ Tahinipaste, Zitronensaft und 1–2 EL Wasser in einer kleinen Schüssel mischen. Über die Fleischmischung gießen und mit den restlichen Pinienkernen bestreuen.

☐ In der offenen Form 35–40 Min. backen, bis die Oberfläche braun ist und Blasen bildet und das Fleisch durchgebraten ist. (Ein Messer oder Fleischspieß sollte heiß sein, wenn es in die Mitte des Fleischteigs gestochen und dort 1/2 Min. gehalten wird.)

RINDERZUNGE MIT SÜSS-SAURER SOSSE

FÜR 6–8 PERSONEN

Seit Abraham in biblischer Zeit den Engeln eine Mahlzeit bereitete und Zunge als eine der Speisen wählte, hat diese für Juden einen besonderen Symbolwert. Die süß-saure Variante, bei deutschen und polnischen Juden besonders beliebt, ist an Sukkot Tradition.

- 1 1,8 kg schwere Rinderzunge
- 1 EL weißer Branntweinessig
- 6 ganze Nelken
- 1 EL schwarze Pfefferkörner
- 1 Lorbeerblatt
- Frische Petersilie zum Garnieren

SÜSS-SAURE SOSSE

- 1 EL Hühnerfett, Margarine oder Pflanzenöl
- 2 Zwiebeln, in dünne Scheiben geschnitten
- 1 EL Mehl
- 1/2 TL Salz
- Schwarzer Pfeffer aus der Mühle
- 1 Zimtstange
- 3–4 ganze Nelken
- 125 ml Tomatensoße
- Abgeriebene Schale und Saft von einer Zitrone
- 2 EL heller brauner Zucker
- 1 EL Honig
- 90 g Rosinen

KOCH-TIP

FÜR DIESES REZEPT KANN AUCH EINGELEGTE ODER GERÄUCHERTE RINDERZUNGE VERWENDET WERDEN, ABER DIESE SOLLTE VOR DEM KOCHEN MEHRERE STUNDEN ODER ÜBER NACHT IN MEHRFACH GEWECHSELTEM KALTEM WASSER GEWÄSSERT WERDEN. FALLS SIE EINGELEGTE ODER GERÄUCHERTE ZUNGE VERWENDEN, SOLLTEN SIE KEIN WEITERES SALZ ZUGEBEN.

☐ Die Zunge mit Essig, Nelken, Pfefferkörnern und Lorbeerblatt in einen großen Topf geben. Mit kaltem Wasser bedecken und bei starker Hitze zum Kochen bringen. Den Schaum, der an die Oberfläche tritt, abschöpfen. 5 Min. kochen und dabei häufig abschäumen. Die Hitze auf niedrige bis mittlere Stufe stellen und 3–4 Std. sieden, bis die Zunge weich ist, wenn sie mit einer Gabel angestochen wird. Falls nötig, gelegentlich etwas Wasser zugeben, damit die Zunge stets mit Flüssigkeit bedeckt bleibt.

☐ Von der Kochstelle nehmen, die Zunge in der Kochflüssigkeit abkühlen lassen. Dann die Rinderzunge aus der Flüssigkeit nehmen. Mit einem scharfen Messer die Haut abziehen und den Knorpel am Zungenansatz abschneiden. Zunge beiseite stellen und Kochflüssigkeit aufbewahren.

☐ Die Soße zubereiten. Hühnerfett, Margarine oder Öl in einer großen, tiefen Pfanne bei mittlerer Hitze erwärmen. Die Zwiebeln 5–7 Min. darin anbraten, bis sie weich sind und Farbe annehmen. Die Zwiebeln mit Mehl bestäuben und unter ständigem Rühren 1 Min. braten, bis das Mehl braun wird. Langsam etwa 450 ml von der aufbewahrten Kochflüssigkeit zugießen und unter ständigem Rühren etwa 2 Min. kochen, bis die Soße glatt und leicht eingedickt ist.

☐ Nach Geschmack salzen und pfeffern, dann die übrigen Zutaten einrühren. Die Hitze auf mittlere bis kleine Stufe schalten und 10 Min. unter häufigem Umrühren köcheln lassen. Zimtstange und Nelken aus der Soße nehmen.

☐ Die Zunge in 6 mm dicke Scheiben schneiden und zur Soße geben. 2–3 Min. kochen, bis die Zunge heiß ist. Die Zungenscheiben auf einer Servierplatte oder direkt auf Portionstellern anrichten und etwas Soße darübergeben. Mit Petersilie garnieren.

MAROKKANISCHE JUDEN BEIM STUDIUM DER TORAH (DER FÜNF BÜCHER MOSE).

MEXIKANISCHER RINDFLEISCH-ZIMMES

FÜR 8 PERSONEN

Dies ist eine Variante eines deutschen Zimmes, die die Tradition der Alten Welt mit den Zutaten der Neuen Welt vereint. Zimmes ist ein langsam gekochter Eintopf aus Fleisch, süßem Gemüse, wie Karotten oder Süßkartoffeln, und Früchten, meistens Trockenpflaumen.

- 1,6 kg Rinderbrust ohne Knochen
- 1 1/2 EL Mehl
- 4–6 EL Hühnerfett oder Pflanzenöl
- 2 Zwiebeln, in dünne Scheiben geschnitten
- 2–4 Knoblauchzehen, geschält
- 2 425g-Dosen Tomaten
- 1 große Mango, geschält und das Fleisch püriert
- 1 TL Salz
- 1/2 TL getrocknete und zerbröselte rote Chilis (Menge nach Belieben)
- 1 TL Chilipulver
- 1 Zimtstange
- 2 Lorbeerblätter
- 4 EL Honig
- 4 Karotten, in Scheiben geschnitten
- 2 große Süßkartoffeln oder Yamwurzeln, geschält und in Stücke geschnitten
- 215 g entsteinte Trockenpflaumen, 2 Std. in heißem Wasser eingeweicht und gut abgetropft
- 2 425g-Dosen rote Kidney Beans, gespült und abgetropft
- 4 EL gehackter frischer Koriander

☐ Das Rindfleisch unter fließendem kaltem Wasser abspülen; gut mit Küchenpapier trockentupfen. Das Fleisch von beiden Seiten mit Mehl bestäuben.

☐ 2–3 EL Hühnerfett oder Öl in einer großen Kasserolle mit gut schließendem Deckel bei mittlerer bis starker Hitze heiß werden lassen. Das Rindfleisch 5–7 Min. anbraten, bis die Unterseite gut gebräunt ist, dann wenden und weitere 4–5 Min. braten, bis die andere Seite braun ist. Auf einen Teller legen und beiseite stellen.

☐ Das restliche Hühnerfett oder Öl und die Zwiebeln in den Topf geben. 3–5 Min. anbraten, bis die Zwiebeln weich sind und Farbe annehmen. Den Knoblauch einrühren und noch 1 Min. kräftig braten. Die Tomaten mit dem Saft zugeben und rühren, um die Tomaten zu zerkleinern und den Bratensaft abzulösen. Pürierte Mango, Salz, Chilis, Chilipulver, Zimtstange, Lorbeerblätter und Honig zufügen und 2–3 Min. unter häufigem Umrühren kochen.

☐ Das Rindfleisch wieder in die Kasserolle geben und soviel Wasser zugießen, daß das Fleisch gerade bedeckt ist. Gut verschließen und 1 1/2 Std. bei mittlerer Hitze schmoren. (Gelegentlich nachsehen, ob noch genug Wasser vorhanden ist.) Karotten, Süßkartoffelstücke, Pflaumen und Bohnen zufügen. Abdecken und weitere 30 Min. bei mittlerer Hitze schmoren. Eventuell etwas Wasser zugießen.

☐ Das Fleisch in eine tiefe Servierschale legen. Falls die Soße zu dünn ist, 5–10 Min. einkochen lassen, bis sie dickflüssig wird. Gemüse und Bohnen mit einem Schöpflöffel um das Fleisch legen, das Fleisch mit der Soße begießen und Fleisch und Gemüse mit gehacktem Korianderkraut bestreuen. Das Fleisch in dünne Scheiben geschnitten servieren.

BUNT GESTRICHENE BOOTE AM FISCHMARKT IN HODEIDA/JEMEN.

HAMIN

FÜR 8 PERSONEN

Hamin, nach dem hebräischen Wort für Tscholent, ist die sephardische Variante dieses langsam gekochten Eintopfs. Die Iraner, Afghanen und Kurden verwenden in ihrer Küche Quitten und Blütenwasser, besonders Rosenwasser. In diesem Rezept kommt beides vor. Ursprünglich kochte man getrocknete Rosenblüten, aber heutzutage ist in griechischen oder orientalischen Lebensmittelläden fertiges Rosenwasser erhältlich. Diese Zutaten ergeben ein sehr exotisches und stark parfümiertes Gericht, das mit Huhn, Rindfleisch oder, wie in diesem Rezept, mit Lamm zubereitet werden kann.

- 2 EL Pflanzenöl
- 2 Zwiebeln, dünn geschnitten
- 4 Knoblauchzehen, fein gehackt
- 2,25–2,7 kg Lammschulter ohne Knochen und Fett, in große Würfel geschnitten
- 4 Kartoffeln, geschält und in Scheiben geschnitten
- 4 Karotten, in dünne Scheiben geschnitten
- 500 g Kürbis oder Flaschenkürbis, geschält und in Würfel geschnitten
- 625 g Basmati oder anderer Langkorn-Reis, gespült und abgetropft
- 500 g Quitten, geschält, geviertelt und in Scheiben geschnitten
- 1 Zimtstange
- 4 ganze Nelken
- 2 TL Salz
- Schwarzer Pfeffer aus der Mühle
- 1 EL Rosenwasser (nach Belieben)
- 2 Eier, verquirlt

KOCH-TIP

DA DAS LAMMFLEISCH NOCH FETT ENTHALTEN KANN, SOLLTE DAS GERICHT 2 TAGE IM VORAUS GEKOCHT WERDEN. ABKÜHLEN LASSEN UND IN DEN KÜHLSCHRANK STELLEN. DAS FETT VON DER OBERFLÄCHE DES ERKALTETEN GERICHTS KRATZEN UND BEI 180° NOCH EINMAL ERHITZEN.

☐ Öl in einer großen, ofenfesten Kasserolle mit gut schließendem Deckel bei mittlerer bis starker Hitze heiß werden lassen. Zwiebeln 5–7 Min. anbraten, bis sie goldfarben sind. Knoblauch dazugeben und noch 1 Min. weiterbraten. Auf einen Teller geben und beiseite stellen.

☐ Das Fleisch in dieselbe Kasserolle legen und 7–10 Min. anbraten, bis alle Stücke gut gebräunt sind. Möglicherweise sind mehrere Arbeitsgänge erforderlich, da der Topf nicht zu voll sein sollte. Das Fleisch auf einen sauberen Teller legen und die Kasserolle von der Kochstelle nehmen, ohne das Öl wegzugießen.

☐ Den Backofen auf 230° vorheizen. Den Boden der Kasserolle gleichmäßig mit Kartoffelscheiben auslegen. Als nächste Lage die Karotten einfüllen, dann die Kürbiswürfel. Fleisch und Reis zufügen. Die Zwiebel-Knoblauch-Mischung über das Fleisch verteilen. Quittenscheiben, Zimtstange und Nelken darüberlegen und nach Geschmack mit Salz und Pfeffer würzen. Nach Belieben Rosenwasser darüberträufeln.

☐ Die Eier mit 250 ml Wasser mischen und zusammen mit soviel kaltem Wasser in den Topf gießen, daß die Zutaten bedeckt sind. 30 Min. schmoren, dann die Hitze auf etwa 100° reduzieren und 8–10 Std. oder über Nacht schmoren lassen. Den Hamin aus der Kasserolle servieren.

KINDER MIT DEN ERSTEN FRÜCHTEN FÜR *SCHAWUOT* (WOCHENFEST), DAS AUCH ALS FEST DER FRÜCHTE BEZEICHNET WIRD.

SÜSS-SAUER GEFÜLLTER KOHL

FÜR 6–8 PERSONEN

Von diesem traditionellen Sukkot-Gericht der osteuropäischen Juden gibt es viele Varianten, und es hat viele Namen. *Golupzi*, wie man es in Rußland nennt, wird mit einer süß-sauren Tomatensoße zubereitet. In anderen Ländern, zum Beispiel Ungarn, verzichtet man auf diese Soße. Dieses Rezept kann gut mit Kartoffelbrei serviert werden.

- 1 großer Kohlkopf
- 30 g getrocknete und gewürzte Semmelbrösel
- 125 ml Milch
- 1 EL Pflanzenöl
- 1 Zwiebel, fein gehackt
- 2 Knoblauchzehen, geschält und fein gehackt
- 1 kg Rinderhackfleisch
- ³/₄ TL Salz
- Schwarzer Pfeffer aus der Mühle
- 4 EL Tomatenketchup
- 2 Eier, verquirlt
- 2–3 EL gehackter frischer Dill
- 100 g Langkornreis
- Gehackter frischer Dill zum Garnieren

SOSSE

- 2 425g-Dosen Tomaten
- 450 ml Tomatensoße
- 8 EL Tomatenketchup
- Salz
- Schwarzer Pfeffer aus der Mühle
- 2 Zwiebeln, in dünne Scheiben geschnitten
- Abgeriebene Schale und Saft von einer Zitrone
- 75 g heller brauner Zucker
- 125 g Sultaninen

EINE ERGREIFENDE ERINNERUNG AN DIE JÜDISCHE GEMEINDE IN DER ALTSTADT VON KRAKAU/POLEN.

☐ Den Strunk des Kohls ausschneiden und vorsichtig so viele Blätter wie möglich ablösen. Kleinere Blätter können überlappend zusammengelegt werden, um ein größeres Blatt zu bilden. Einen großen Topf mit Wasser zum Kochen bringen. Die Blätter hineingeben (eventuell in mehreren Portionen) und 3–5 Min. kochen, bis sie weich, aber nicht gar sind. In ein Sieb abgießen und unter fließendem kaltem Wasser abspülen. Beiseite stellen.

☐ Die Semmelbrösel und die Milch in eine kleine Schüssel geben und stehenlassen, bis die Milch aufgesogen ist.

☐ Öl in einer kleinen Bratpfanne bei mittlerer bis starker Hitze heiß werden lassen. Zwiebel 3–5 Min. anbraten, bis sie weich ist und Farbe annimmt. Knoblauch zugeben und noch 1 Min. unter gelegentlichem Umrühren braten. Von der Kochstelle nehmen und beiseite stellen.

☐ Rinderhack, Salz, Pfeffer nach Geschmack, Ketchup, Eier, gehackten Dill und Reis in einer großen Schüssel mit einer Gabel verrühren. Die eingeweichten Semmelbrösel und die gebratene Zwiebel zufügen und sehr sorgfältig vermischen.

☐ Alle Soßenzutaten in eine flache Bratform mit gut schließendem Deckel geben. Bei mittlerer bis starker Hitze aufkochen, dann die Hitze reduzieren und 15–20 Min. unter gelegentlichem Rühren köcheln lassen.

☐ Den Backofen auf 170° vorheizen. Ein Kohlblatt auf eine glatte Arbeitsfläche legen, eventuell vorstehende Mittelrippe entfernen. 1–2 EL der Fleischmischung (die Menge ist abhängig von der Größe des Blattes) in die Mitte jedes Kohlblatts geben. Die Seiten über der Füllung falten, dann das Kohlblatt so aufrollen, daß die Füllung vollständig umhüllt ist. Auf ein Backblech oder Tablett legen und fortfahren, bis die gesamte Fleischmischung verarbeitet ist. (Der verbleibende Kohl kann fein geschnitten oder geraspelt zur Soße gegeben werden.)

☐ Alle Kohlpäckchen mit der Öffnung nach unten in die Backform mit der Soße legen und mit einem Löffel etwas Soße über die Kohlpäckchen geben. Falls nötig, etwas Wasser zufügen, der Kohl sollte ganz knapp mit Flüssigkeit bedeckt sein. Deckel schließen und etwa 1¹/₂ Std. backen.

☐ Den Deckel abnehmen und die Kohlpäckchen mit Soße begießen. Die Päckchen mit einem Schaumlöffel auf eine tiefe Servierplatte geben und warm halten. Falls die Flüssigkeit sehr dünn ist, bei mittlerer bis starker Hitze reduzieren, bis sie etwas eindickt. Falls sie zu dickflüssig ist, etwas Wasser zugeben. Soße über den Kohl gießen und mit gehacktem Dill bestreuen.

SCHMORFLEISCH MIT ZWIEBELSOSSE NACH TRADITIONELLER ART

FÜR 8–10 PERSONEN

Dieses typisch russisch-jüdische Gericht ist ein fester Bestandteil des Speisezettels der amerikanischen Juden geworden. Es gibt viele Varianten, und die vielleicht bekannteste ist das Schnellgericht, das mit Zwiebelsuppe aus der Tüte zubereitet wird! Dieses hier ist ebenso einfach und wird mit frischen Zwiebeln gemacht; am besten schmeckt das Schmorfleisch mit Kartoffelbrei.

- 1 Stück Rinderbrust oder ausgelöste Rinderschulter, 2,25–2,7 kg schwer
- 1 EL Mehl
- 4 EL Pflanzenöl
- 6 Zwiebeln, in 1,25 cm breite Ringe geschnitten
- 4–6 Knoblauchzehen, geschält und fein gehackt
- 250 ml Tomatensaft
- Salz
- Schwarzer Pfeffer aus der Mühle
- 1/2 TL getrockneter Thymian
- 1/2 TL Paprika
- 1 Lorbeerblatt
- 6 Karotten, diagonal in 6 mm dicke Scheiben geschnitten
- Frische Petersilie zum Garnieren

KOCH-TIP

WIE ALLE LANGSAM GEKOCHTEN EINTÖPFE UND FLEISCHGERICHTE SCHMECKT AUCH DIESES SCHMORFLEISCH AM BESTEN, WENN ES BEREITS AM TAG ZUVOR ZUBEREITET WURDE. IM KÜHLSCHRANK AUFBEWAHREN UND ABGESETZTES FETT ABHEBEN. IM BACKOFEN BEI 180° 35–45 MIN. ERHITZEN.

☐ Das Fleisch unter fließendem kaltem Wasser abspülen; mit Küchenpapier sorgfältig trockentupfen. Sichtbares Fett abschneiden, dann das Fleisch mit Mehl bestäuben.

☐ 2 EL Öl in einer großen, ofenfesten Kasserolle bei mittlerer bis starker Hitze heiß werden lassen. Das Fleisch 5–7 Min. anbraten, bis die Unterseite gebräunt ist. Dann wenden und noch 5–6 Min. braten, bis auch die andere Seite gebräunt ist. Auf einen Teller legen.

☐ Den Backofen auf 170° vorheizen. Das restliche Öl in die Kasserolle geben und die Zwiebeln hineingeben. 4–5 Min. anbraten, bis die Zwiebeln weich werden und Farbe annehmen. Knoblauch zufügen und noch 1 Min. braten. Den Tomatensaft zugießen, rühren und durch Kratzen den Bratensatz vom Topfboden lösen. Nach Geschmack salzen und pfeffern und mit Thymian, Paprika und Lorbeerblatt würzen.

☐ Das Rindfleisch wieder in den Topf geben und soviel Wasser zugeben, daß sämtliche Zutaten bedeckt sind. Aufkochen und den Schaum von der Oberfläche abschöpfen. Topf gut verschließen und im Backofen 3–3 1/2 Std. schmoren, bis das Fleisch gabelweich ist. Die Karotten in den Topf geben und weitere 30 Min. schmoren, bis sie weich sind.

☐ Die Kasserolle aus dem Ofen nehmen und den Deckel abnehmen. Falls die Soße zu dünn ist, das Rindfleisch auf eine tiefe Servierplatte legen und die Soße reduzieren. Die Soße mit Zwiebeln und Karotten um das Rindfleisch schöpfen und mit Petersilie garnieren. Das Fleisch in 6 mm dicken Scheiben servieren.

TSCHOLENT

FÜR 8–10 PERSONEN

Tscholent ist ein langsam schmorender Eintopf, der am Freitagabend zubereitet und am Schabbat um die Mittagszeit nach dem Morgengottesdienst serviert wird. Wahrscheinlich wird er schon seit biblischen Zeiten gekocht, und man findet ihn überall dort, wo Juden leben, aber die Zutaten und Gewürze unterscheiden sich ein wenig. Die wesentlichen Zutaten sind Fleisch und Bohnen. Das Geheimnis ist das lange, langsame Schmoren, durch das ein preiswertes Fleischstück weich wird. Außerdem kann man das Gericht sehr lange bei sehr niedriger Temperatur unbeobachtet garen lassen. Tscholent, dessen Name sich von den französischen Wörtern für »heiß« und »langsam« ableitet, wird in in jeder aschkenasischen Familie gekocht und ist ein geschichteter Eintopf, der aus Fleisch, Huhn, Bohnen, Würsten, Klößen und Kartoffeln bestehen kann. Sein Gegenstück ist die sepharidische Dfina. Ein Hamin, nach dem hebräischen Wort für Tscholent, wird von den Juden an der afghanischen Grenze, im Iran, in Italien und in Israel gegessen. Dieses Rezept ist eine typisch aschkenasische Variante und enthält einen besonderen Kloß, den Tscholent-Kneidl.

- 2 EL Pflanzenöl
- 4 Zwiebeln, halbiert und in Scheiben geschnitten
- 4 Knoblauchzehen, geschält und fein gehackt
- 1,4 kg Rinderschlegel, -brust oder -schulter, ohne Knochen, in große Würfel geschnitten
- 425 g getrocknete Lima-Bohnen, weiße Bohnen oder rote Kidney Beans, mindestens 8 Std. eingeweicht
- 215 g Gerstengraupen
- 10–12 mittelgroße Kartoffeln, geschält und halbiert, größere auch geviertelt
- 2 TL Salz
- Schwarzer Pfeffer aus der Mühle
- $1^1/_2$ TL getrockneter Thymian
- 1 TL Paprika
- 2 Lorbeerblätter
- 2 EL Zucker

TSCHOLENT-KNEIDL

- 175 g Mehl
- $^3/_4$ TL Backpulver
- $^1/_2$ TL Salz
- Schwarzer Pfeffer aus der Mühle
- 175 g Hühnerfett, Rindertalg oder weiche Margarine, fein gehackt
- 2 EL gehackte frische Petersilie

☐ In einer großen, ofenfesten Kasserolle mit fest schließendem Deckel Öl bei mittlerer bis starker Hitze heiß werden lassen. Zwiebeln 7–10 Min. braten, bis sie gut braun sind. Den Knoblauch dazugeben und noch 1 Min. braten. Zwiebel und Knoblauch auf einen Teller legen und beiseite stellen.

☐ Das Fleisch in dieselbe Kasserolle geben und 7–10 Min. von allen Seiten anbraten, bis jedes Stück gut gebräunt ist. Um nicht zu viele Stücke auf einmal zu braten, können mehrere Arbeitsgänge nötig sein. Das Fleisch auf einen weiteren Teller legen und die Kasserolle von der Kochstelle nehmen, ohne das restliche Öl wegzugießen.

☐ Zwiebeln und Knoblauch wieder in die Kasserolle geben und gleichmäßig auf dem Topfboden verteilen. Die Bohnen abtropfen lassen und zugeben, dann in Lagen Rindfleischwürfel, Graupen und Kartoffeln einschichten. Dabei Salz und Pfeffer nach Geschmack, Thymian und Paprika zwischen die einzelnen Lagen streuen. Die Lorbeerblätter hineinstecken.

☐ Den Zucker mit 2 EL Wasser in einem kleinen Topf bei starker Hitze aufkochen. 1–2 Min. kochen, bis der Zucker ein dunkles Karamelbraun angenommen hat. Den Topf von der Kochstelle nehmen, von Gesicht und Körper wegdrehen und vorsichtig 60 ml kaltes Wasser zugießen (der Karamel kann spritzen). Wieder auf die Kochstelle setzen, um den Karamel zu verflüssigen, und dann in die Kasserolle gießen.

☐ Soviel Wasser zugießen, daß die Lagen von Fleisch, Gemüse und Bohnen gerade bedeckt sind, und bei starker Hitze zum Kochen bringen. Den Schaum von der Oberfläche abschöpfen. Die Hitze etwas reduzieren und 30 Min. köcheln, dabei gelegentlich den Schaum abschöpfen. Eventuell noch etwas Wasser zugeben, um alle Zutaten bedeckt zu halten.

☐ Den Kneidl zubereiten. Den Backofen auf 100° vorheizen. Mehl, Backpulver, Salz und Pfeffer nach Geschmack in eine mittelgroße Schüssel sieben. Hühnerfett, Talg oder Margarine darunterhacken. Gehackte Petersilie und 4–6 EL kaltes Wasser zugeben und alles zu einem weichen Teig verrühren. Einen großen Knödel oder eine breite Wurst formen.

☐ Den Kneidl vorsichtig auf die Zutaten legen und leicht hineindrücken. Topf gut verschließen und bei sehr niedriger Temperatur im Backofen 10 bis 12 Std. oder über Nacht schmoren. Den Tscholent aus der Kasserolle servieren, den Kneidl in Scheiben schneiden oder auf einem Extrateller anrichten.

SCHASCHLIK

FÜR 6 PERSONEN

Mit den Begriffen Schaschlik, Schisch Kebab und Kebab meint man Lamm- oder Rindfleisch, das auf einem Fleischspieß gegrillt wird. Fleisch auf einem Spieß über offenem Feuer zu grillen ist vielleicht die ursprünglichste Methode der Zubereitung. In den Ländern der ehemaligen Sowjetunion, auf dem Balkan und im Nahen Osten hat sie Tradition, und in der modernen Form des Barbecues ist sie in Israel und den Vereinigten Staaten sehr beliebt. In Israel gibt es viele Straßenstände, an denen marinierte Lammwürfel auf Spießen angeboten werden, und viele russisch-jüdische Emmigranten verkaufen jetzt Schaschlik neben den traditionellen Hot-Dog-Verkäufern in New York! Servieren Sie die Spieße mit Reis und Israelischem Salat (siehe Seite 89).

MARINADE

- 175 ml Olivenöl
- 125 ml Zitronensaft
- 125 ml trockener Rotwein oder trockener Sherry
- 2–3 EL gehackter frischer oder 1 EL getrockneter Rosmarin
- 1/2 kleine Zwiebel, fein gehackt oder gerieben
- 4–6 Knoblauchzehen, geschält und fein gehackt
- 1 TL Salz
- Schwarzer Pfeffer aus der Mühle
- 1/2 TL getrocknete und zerbröselte rote Chilis (nach Belieben)
- 1,8 kg Lammschulter ohne Knochen, von allem sichtbaren Fett befreit und in 5 cm große Würfel geschnitten
- 4 kleine Zwiebeln mit den Wurzelenden, in Achtel geschnitten
- 500 g Cocktail-Tomaten
- 2 gelbe oder rote Paprikaschoten, entkernt und in 2,5 cm große Quadrate geschnitten
- Frische Rosmarinzweige zum Garnieren

☐ Die Zutaten für die Marinade in eine große, flache Backform (kein Metall!) geben und verrühren, bis sie gut vermischt und cremig sind. Die Lammwürfel hineingeben und wenden, so daß sie auf allen Seiten mit Öl überzogen werden. Abdecken und für 6 Std. oder über Nacht in den Kühlschrank stellen. Gelegentlich umrühren.

☐ Einen Grillrost etwa 12,5 cm über die glühenden Kohlen hängen.

☐ Die Lammwürfel auf Fleischspieße stecken und dabei etwas Abstand zwischen den einzelnen Stücken lassen, damit das Fleisch gleichmäßig durchbrät. Zwiebelstücke, Cocktailtomaten und Paprikastücke auf separate Spieße stecken und mit Marinade bepinseln.

☐ Die Lammspieße auf den Grill legen und 17–20 Min. grillen, dabei gelegentlich mit Marinade bepinseln. Nach der Hälfte der Grillzeit die Gemüsespieße auf den Grill legen und unter Wenden 8–10 Min. grillen, dabei gelegentlich mit Marinade bepinseln.

☐ Die Spieße auf einer langen Servierplatte anordnen und mit frischen Rosmarinzweigen garnieren. Mit Reis, Israelischem Salat oder anderen Beilagen servieren.

BEI DEN JUDEN IN JERUSALEM IST ES SITTE, AN DER KLAGEMAUER ZU BETEN.

GEFÜLLTES PESSACH-LAMM

FÜR 6–8 PERSONEN

In manchen jüdischen Gemeinden wird zu Pessach kein Lamm gegessen, aber im gesamten Nahen Osten und in Ländern wie England, wo Lammfleisch produziert wird, hat es Tradition. Als Mahlzeit an einem sephardischen Pessach-Sederabend ist es sehr beliebt, weil die Lämmer im Frühling am besten schmecken. Wie bei anderen Fleischsorten ist das hintere Viertel nicht generell koscher, daher sollte man die Schulter bevorzugen. Beim Metzger das Lamm entbeinen und für die Füllung eine Tasche schneiden lassen.

FÜLLUNG

- 1 EL Oliven- oder Pflanzenöl
- 1 Zwiebel, fein gehackt
- 2 Knoblauchzehen, geschält und fein gehackt
- 250 g mageres Lammhackfleisch
- 100 g Langkornreis
- Salz
- Schwarzer Pfeffer aus der Mühle
- 1/2 TL gemahlener Kreuzkümmel
- 1/8 TL Kurkuma
- 1 EL gehacktes Korianderkraut
- 60 g Walnüsse oder Mandeln, gehackt
- 90 g Rosinen
- 100 g getrocknete Aprikosen, gehackt
- 1 Ei, verquirlt
- 1 1,8–2,25 kg Lammschulter ohne Knochen und ohne Fett, mit einer eingeschnittenen Tasche
- 2 EL Olivenöl
- 2 EL Honig
- 2 EL Pfeilwurzstärke
- 250 ml Rinder- oder Hühnerbrühe
- 1 EL Obstessig
- Frische Brunnenkresse zum Garnieren

☐ Die Füllung vorbereiten. Öl in einer mittelgroßen Pfanne bei mittlerer bis starker Hitze heiß werden lassen. Zwiebeln 3–5 Min. anbraten, bis sie weich werden und Farbe annehmen. Knoblauch dazugeben und noch 1 Min. braten.

☐ Lammhackfleisch zugeben und 4–5 Min. anbraten, dabei mit einer Gabel lockern, bis das Fleisch nicht mehr rosa ist. Den Reis unterrühren und noch 5 Min. braten, bis die Reiskörner goldfarben und durchscheinend sind. 75 ml heißes Wasser zugießen, mit Salz, Pfeffer nach Geschmack, Kreuzkümmel und Kurkuma würzen. Abgedeckt 12–15 Min. bei mittlerer Hitze schmoren, bis der Reis weich und sämtliche Flüssigkeit aufgesogen ist. Von der Kochstelle nehmen und etwas abkühlen lassen. Koriander, Nüsse, Rosinen, Aprikosen und verquirltes Ei einrühren.

☐ Den Backofen auf 180° vorheizen. Fleisch mit der Hautseite nach unten auf eine Arbeitsfläche legen. Nach Geschmack salzen und pfeffern und die Füllung auf dem Fleisch gleichmäßig verteilen. Ringsherum einen Rand von 2,5 cm freilassen. Das Fleisch so gleichmäßig wie möglich aufrollen und die Rolle in Abständen von 5 cm mit Küchengarn zubinden. Die Oberfläche des Fleisches mit Olivenöl einreiben und mit Salz und Pfeffer bestreuen.

☐ Das Fleisch mit der offenen Seite nach unten auf einen Rost in einen Bräter legen. In 20 Min. pro Pfund medium braten. Etwa 20 Min., bevor das Fleisch gar ist, mit Honig bestreichen und wieder in den Backofen schieben.

☐ Das Lamm auf eine Servierplatte legen, mit Folie bedecken, warm halten und 15 Min. ruhen lassen.

☐ In der Zwischenzeit den Rost aus der Bratform nehmen und das Fett bis auf 2 EL entfernen. Pfeilwurzstärke mit 60 ml Wasser, Brühe und Essig in die Form gießen. Aufkochen, die Hitze auf mittlere Stufe reduzieren und die Soße unter kräftigem Rühren 7–10 Min. köcheln, bis sie glatt und leicht eingedickt ist.

☐ Die Soße in eine Terrine füllen. Das Lamm mit Brunnenkresse garnieren.

ZWEI SEPHARDISCHE JUDEN MIT *PEYOT* (SCHLÄFENLOCKEN).

Fischgerichte

Gefilte Fisch

Fischcurry

Gebackener Lachs mit Avocado-Dill-Sosse

Fritierter Fisch auf jüdische Art

Red Snapper in grüner Sosse

Gebackene Forelle mit Granatäpfeln

Fisch süss-sauer

GEFILTE FISCH

FÜR 6 PERSONEN

Der Name Gefilte Fisch stammt von der deutschen Bezeichnung »Gefüllter Fisch«, denn ursprünglich wurde enthäuteter und entgräteter Fisch mit einer Mischung aus gehacktem Fisch gefüllt und langsam gesiedet. Beim Auskühlen gelierte die Brühe und wurde als Teil des Gerichts oder separat serviert. Heute wird der Fischteig im allgemeinen zu Klößchen geformt und in Brühe gesiedet. Das Gericht sieht auch sehr appetitlich aus, wenn es in einer runden Form angerichtet und im Backofen oder sogar im Mikrowellenherd gebacken wird. Natürlich entsteht bei dieser Zubereitungsform kein Gelee als Beilage. Obwohl man traditionell Süßwasserkarpfen und Hecht für Gefilte Fisch verwendete, bevorzugen die meisten Köche eine Mischung aus verschiedenen weißen Salzwasserfischen. Aber welchen Fisch Sie auch verwenden, Gefilte Fisch wird stets mit Karottenscheiben und einer mit roten Rüben abgeschmeckten Meerrettichsoße serviert!

FISCHBRÜHE

- 1,4–1,8 kg Fischgräten und -köpfe (nur von weißfleischigen Fischen), gut abgespült
- 2 Zwiebeln, in Scheiben geschnitten
- 1 Karotte, in Scheiben geschnitten
- 1 Stangensellerie, in Scheiben geschnitten
- 1 Lauchstange, längs aufgeschnitten, in Scheiben geschnitten und gut gespült
- 4 Zweige frische Petersilie
- 1 TL Salz
- 1 TL schwarze Pfefferkörner
- 2 Zweige frischer Thymian (nach Belieben)

FISCHTEIG

- 1,4 kg weiße Fischfilets wie Kabeljau, Weißfisch, Schnapper (auch ein kleiner Karpfen oder Hecht kann mit verwendet werden)
- 2 Zwiebeln, geviertelt
- Salz
- 3 Eier, verquirlt
- 1/2 TL weißer Pfeffer aus der Mühle
- 1/4 TL gemahlener Muskat (nach Belieben)
- 60 g mittelfeines Matzenmehl
- 1 Karotte, in dünne Scheiben geschnitten
- frische Petersilie und Zitronenscheiben zum Garnieren
- Als Beilage: Meerrettich-Soße mit roten Rüben (siehe Seite 15)

☐ Die Brühe zubereiten. Alle Zutaten für die Fischbrühe in einen großen Topf geben. Mit kaltem Wasser bedecken und bei starker Hitze zum Kochen bringen. Schaum von der Oberfläche abschöpfen. Die Hitze reduzieren und 20 Min. sieden. Die Brühe durch ein Sieb in einen großen Topf oder eine Kasserolle gießen. Beiseite stellen.

☐ Den Fischteig zubereiten. Fisch und Zwiebeln im Mixer fein pürieren (eventuell in mehreren Portionen). 1 1/2 TL Salz oder weniger, je nach Geschmack. Eier, Pfeffer und Muskat zugeben und untermixen.

☐ Matzenmehl unterrühren; nach und nach 60 ml Wasser zugießen. Die Mischung sollte locker und etwas klebrig sein, aber die Form behalten. Abdecken und für 30 Min. in den Kühlschrank stellen.

☐ Mit 2 Eßlöffeln eiförmige Klößchen aus dem Fischteig formen und auf ein mit Wasser beträufeltes Backblech legen. Auf diese Weise die gesamte Mischung zu Klößchen verarbeiten.

☐ Die Brühe zum Kochen bringen. Karottenscheiben zugeben und vorsichtig die Fischklößchen einlegen. Die Hitze reduzieren und 1 Std. leicht sieden. (Darauf achten, daß das Wasser nicht kocht.)

☐ Den Fisch in der Brühe abkühlen lassen. Die Fischbällchen mit einem Schaumlöffel in eine flache Backform oder auf eine Servierplatte füllen. Die Brühe über die Fischklößchen gießen und auf jedes Klößchen eine Karottenscheibe legen, die restlichen Karotten um das Gericht garnieren. 4 Std. oder über Nacht in den Kühlschrank stellen. Mit Petersilie und Zitronenscheiben garnieren und mit Meerrettich-Soße mit roten Rüben servieren.

FISCHCURRY

FÜR 6 PERSONEN

Dieses Rezept kommt aus einer jüdischen Gemeinde in Indien, aus der südindischen Stadt Cochin. Cochin liegt in der Nähe der Kerala-Küste, wo es viel frischen Fisch und einen berühmten Gewürzmarkt gibt. Am besten schmeckt das Gericht mit Reis.

- 1 EL Pflanzenöl
- 1 Zwiebel, halbiert und in dünne Scheiben geschnitten
- 2–3 Knoblauchzehen, fein gehackt
- 1 kg weiße Fischfilets, wie Kabeljau, Heilbutt oder Weißfisch, in 7,5 cm lange Streifen geschnitten
- 45 g frische Korianderblätter, gehackt
- 1 EL Rotwein- oder Weißweinessig
- 4 EL Tomatenmark
- 1 TL gemahlener Kreuzkümmel
- 1/2 TL Kurkuma
- 1 kleine, frische rote Peperoni oder 1/2 TL getrocknete und zerstoßene rote Chilischote
- Frischer Koriander zum Garnieren
- Als Beilage: Gekochter Reis

☐ Öl in einer großen Bratpfanne bei mittlerer bis starker Hitze heiß werden lassen. Die Zwiebelscheiben 3–5 Min. anbraten, bis sie weich werden und Farbe annehmen. Knoblauch zugeben und noch 1 Min. schmoren.

☐ Den Fisch zugeben und 4–5 Min. braten, bis er fest und weißlich wird. Vorsichtig die übrigen Zutaten außer der Garnierung und dem Reis unterrühren, 125 ml Wasser zugeben und 15 Min. zugedeckt schmoren. Der Fisch sollte zerfallen, wenn man ihn mit einer Messerspitze berührt.

☐ Die Fischfilets auf einer Servierplatte anrichten. Die Soße bei starker Hitze 2–3 Min. kochen, bis sie leicht eindickt. Über die Fischfilets gießen. Mit Korianderzweigen garnieren und mit heißem Reis servieren.

GEBACKENER LACHS MIT AVOCADO-DILL-SOSSE

FÜR 12–14 PERSONEN

Ein ganzer Fisch, der in Folie gebacken wird, ist ein ideales Gericht für eine Party oder für Feiertage. Er kann heiß oder kalt serviert werden und ist koscher für das Pessachfest. Für das Dünsten eines Fisches benötigt man einen großen Fischtopf oder -dünster, aber auch durch Backen erzielt man ausgezeichnete Ergebnisse. Falls der Fisch so groß ist, daß er nicht auf ein Backblech paßt, kann er halbiert und zum Servieren wieder zusammengesetzt werden. Der Fischgeschmack entwickelt sich am besten, wenn der Fisch bei Zimmertemperatur serviert wird; das ist sehr praktisch, denn so hat man genug Zeit, um ihn festlich zu garnieren und die Soßen und Beilagen zuzubereiten.

- 1 ganzer Lachs oder mehrere Lachsforellen, 2,25–2,7 kg schwer, ausgenommen, aber mit Kopf und Schwanz
- Salz
- 1 Zitrone, in Scheiben
- 4–5 Frühlingszwiebeln, der Länge nach halbiert
- 3–4 frische Petersilienstengel
- 3–4 frische Dillzweige
- Pflanzenöl
- Dünne Gurkenscheiben (nach Belieben)
- Salatblätter, frische Dillzweige und Zitronenscheiben zum Garnieren

AVOCADO-DILL-SOSSE

- 1 große Avocado
- 6 Zweige frischer Dill
- 1/2 TL Salz
- 4 Eigelb
- Schwarzer Pfeffer aus der Mühle
- 60 ml Zitronensaft oder Obstessig oder halb und halb
- 125 g Butter oder weiche Margarine
- Cayennepfeffer

☐ Den Backofen auf 180° vorheizen. Den Fisch innen und außen unter fließendem kaltem Wasser waschen, nicht abtrocknen. Das Innere mit Salz ausstreuen und mit Zitronen, Frühlingszwiebeln, Petersilie und Dill füllen.

☐ Ein großes Stück Alufolie, lang genug, um den Fisch einzuhüllen, dünn einfetten und der Länge nach auf ein Backblech legen. Den Fisch in die Mitte legen. Die beiden breiten Seiten der Folie über dem Fisch zusammenlegen und einige Zentimeter über dem Fisch falten, dann die Schmalseiten der Folie so zusammenfalten, daß eine große Hülle um den Fisch entsteht, in der noch Platz ist.

☐ Den Fisch 1 Std. lang in der Folie backen. Vor dem Öffnen der Folie etwa 15 Min. abkühlen lassen. Dann die Folie vorsichtig auffalten und den Saft für eine Soße aufbewahren oder weggießen.

☐ Mit einem langen, dünnen Messer an der Rückengräte entlangschneiden. Dabei am Kopf ansetzen, die Haut abziehen und die Flossen herausziehen, bis man beim Schwanz angekommen ist. Die dünne Schicht braunen Fleisches um die Mitte des Fisches abkratzen.

☐ Eine Servierplatte vorsichtig auf den enthäuteten Fisch legen und, indem man den Fisch mit dem Backblech gegen die Servierplatte drückt, umdrehen, so daß die gehäutete Seite des Fisches auf der Servierplatte zu liegen kommt. Haut und braunes Fleisch auf der anderen Seite entfernen. Die Ränder der Platte säubern.

☐ Zum Servieren Salatblätter um den Fisch anordnen und den Fisch mit dünnen Gurkenscheiben schuppenartig garnieren oder mit Dillzweigen und Zitronenscheiben dekorieren. Locker mit Folie abdecken und bis zum Servieren im Kühlschrank aufbewahren. Dazu eine Avocado-Dill-Soße reichen.

☐ Die Soße vorbereiten. Die Avocado halbieren, den Kern entfernen und die Haut abschälen. Das Avocadofleisch im Mixer zu einem glatten Püree verarbeiten. In eine Rührschüssel geben und den Mixer grob säubern.

☐ Dill, Salz und Eigelb in den Mixer geben und mixen, bis der Dill fein gehackt ist; nach Geschmack mit Pfeffer würzen.

☐ Zitronensaft oder Essig in einem kleinen Topf bei starker Hitze aufkochen. Die Flüssigkeit bei laufendem Mixer langsam über die Eimischung gießen und 1 Min. weiterrühren.

☐ Im selben Topf Butter oder Margarine bei mittlerer bis starker Hitze aufkochen lassen. Bei laufendem Mixer langsam die heiße Butter oder Margarine zugießen. Den Mixer abstellen, das Avocadopüree und eine Prise Cayennepfeffer zufügen, und noch 1 Min. mixen, bis alles gut verrührt und glatt ist. Soße abschmecken und in ein Schüsselchen füllen. Bis zum Servieren im Kühlschrank aufbewahren.

KOCH-TIP

DEN FISCH KÜHL ODER ZIMMERWARM SERVIEREN. FALLS ER IM VORAUS ZUBEREITET WURDE, SOLLTE MAN IHN 2–3 STD. VOR DEM SERVIEREN AUS DEM KÜHLSCHRANK NEHMEN.

FRITIERTER FISCH AUF JÜDISCHE ART

FÜR 6 PERSONEN

Das Rezept für fritierten Fisch wurde im 16. Jahrhundert von sephardischen Juden erfunden, und er ist in vielen jüdischen Familien ein beliebtes Freitagabend-Essen. Da er kalt besser schmeckt als heiß, eignet er sich besonders für das Schabbat-Abendessen, denn er kann tagsüber zubereitet werden. Der Fisch sollte in Öl und nicht in Butter fritiert und an einem kühlen Ort, aber nicht im Kühlschrank aufbewahrt werden, damit er länger knusprig bleibt. Zum Panieren eignet sich am besten eine Halb-und-Halb-Mischung aus feinem und mittelfeinem Matzenmehl.

- 1,4 kg Fischfilet oder -steaks, von Heilbutt, Lachs, Hering oder verschiedene Sorten Fisch
- Salz
- 90 g Mehl
- 2 Eier, verquirlt
- 1/4 TL schwarzer Pfeffer aus der Mühle
- 125 g Matzenmehl
- Pflanzenöl zum Fritieren
- Zitronensegmente und Petersilie zum Garnieren

☐ Die Fischfilets oder -steaks mit kaltem Wasser abspülen und leicht salzen. In ein Sieb legen und 30 Min. abtropfen lassen. Mit Küchenpapier trockentupfen.

☐ Mehl, mit schwarzem Pfeffer gewürzte verquirlte Eier und Matzenmehl auf drei Kuchenteller oder flache Schüsseln verteilen. Jedes Fischstück erst im Mehl wälzen und überschüssiges Mehl abklopfen, dann in die Eimischung tauchen, gleichmäßig damit benetzen und schließlich in Matzenmehl wälzen. Darauf achten, daß der Fisch vollkommen in Panade eingehüllt ist, damit während des Fritierens keinerlei Feuchtigkeit austritt.

☐ Eine Friteuse oder eine große Bratpfanne etwa 1,25 cm hoch mit Pflanzenöl füllen und bei mittlerer bis starker Hitze auf 180° erhitzen. Mehrere Fischstücke hineinlegen und 4–5 Min. fritieren, bis die Unterseite gut gebräunt ist. Mit einem Fischheber vorsichtig wenden und weitere 3–4 Min. fritieren, bis auch die andere Seite braun ist. Auf Küchenpapier abtropfen lassen.

☐ Nacheinander sämtliche Fischstücke fritieren, dabei eventuell Öl nachfüllen. (Nicht zu viele Fischstücke auf einmal fritieren, sonst sinkt die Temperatur des Öls zu sehr ab, und der Fisch kocht, anstatt zu braten.)

☐ Den Fisch auf einer Servierplatte anrichten und, locker mit Folie abgedeckt, an einen kühlen Ort stellen. Mit Zitronensegmenten und Petersilienzweigen garnieren. (Der Fisch kann auch heiß serviert werden. Dafür die Stücke bei 180° im Backofen warm halten, bis der gesamte Fisch fertig ist, und dann sofort servieren.)

RED SNAPPER IN GRÜNER SOSSE

FÜR 6 PERSONEN

In Mexiko buk man schon vor vielen Jahren Fisch oder Hühnerfleisch mit einem Überzug aus Gemüse- und Kräuterpüree, der das Fleisch feucht und weich hält. Damals wurde das Püree noch von Hand im Mörser zerkleinert, heute erleichtert ein Mixer die Arbeit.

- Pflanzenöl zum Einfetten
- 1,4–1,8 kg Red Snapper- oder Seebarsch-Filets
- Frischer Saft von 5 Limonen
- Salz
- Schwarzer Pfeffer aus der Mühle
- Cocktailtomaten, reife Oliven und gehackte frische Korianderblätter zum Garnieren

SOSSE

- 1 Kopf Romana-Salat, geputzt, ohne Strunk und in Streifen geschnitten
- 1/2 Gurke, geschält und entkernt
- 1 kleine grüne Paprika, entkernt und gehackt
- 1 rote Zwiebel, geviertelt
- 3–4 Knoblauchzehen
- 1 kleiner Bund Brunnenkresse, ohne Stengel
- 4–5 Frühlingszwiebeln, geputzt
- 30 g Korianderkraut

☐ Eine tiefe Backform dünn einfetten. Den Fisch in die Mitte der Form legen und mit etwas Limonensaft einreiben. Nach Geschmack salzen und pfeffern. Beiseite stellen.

☐ Die Soße zubereiten. Salat, Gurke, grüne Paprika, rote Zwiebel, Knoblauch, Brunnenkresse, Frühlingszwiebeln und Korianderkraut mit dem restlichen Limonensaft im Mixer pürieren. Die Soße über den Fisch gießen, abdecken und für mindestens 2 Std. in den Kühlschrank stellen.

☐ Den Backofen auf 180° vorheizen. Den Fisch in der offenen Form 20–25 Min. backen, bis er weißlich ist und das Fleisch zerfällt, wenn man es mit einem Messer berührt. Dabei zweimal die Soße über den Fisch schöpfen. Den Fisch auf eine Servierplatte heben. Mit der Soße übergießen und mit Cocktailtomaten, reifen Oliven und Korianderkraut garnieren.

GEBACKENE FORELLE MIT GRANATÄPFELN

FÜR 4 PERSONEN

Dieses Gericht ist typisch für die »neue jüdische Küche«, die man heute in Israel bevorzugt. In Galiläa wurden Forellenfarmen eingerichtet, und dieser klassische europäische Fisch ist dort jetzt sehr beliebt. Granatäpfel zählen zu den vielen exotischen Früchten, die im Nahen Osten überall erhältlich sind und in der jüdischen Küche historische Bedeutung haben.

- 1 großer reifer Granatapfel
- 1 EL Olivenöl
- 1 Zwiebel, fein gehackt
- 2 Knoblauchzehen, geschält und fein gehackt
- 125 g Pekannüsse, grob gehackt
- 4 EL gehackte frische Petersilie
- Salz
- Schwarzer Pfeffer aus der Mühle
- 1/4 TL gemahlener Kardamom
- 2 EL Weinessig
- 60 g Butter oder Margarine, zerlassen
- 4 Forellen, jeweil 300–375 g, gesäubert und ausgenommen
- Friséesalat zum Garnieren

☐ Das obere Ende des Granatapfels mit einem scharfen Messer abschneiden. Die Frucht in etwa 6 Segmente teilen und auseinanderziehen. Die Samen vorsichtig in eine kleine Schüssel auslösen. Beiseite stellen.

☐ Olivenöl in einer mittelgroßen Pfanne bei mittlerer bis starker Hitze heiß werden lassen. Die Zwiebel 3–5 Min. anbraten, bis sie weich wird und Farbe annimmt. Knoblauch zugeben und noch 1 Min. braten.

☐ Pekannüsse, Petersilie, Salz und Pfeffer nach Geschmack, Kardamom, Essig und die Hälfte der zerlassenen Butter oder Margarine unterrühren. Von der Kochstelle nehmen und drei Viertel der Granatapfelkerne einrühren.

☐ Den Backofen auf 200° vorheizen. Eine große, flache Backform dünn einfetten. Den Fisch unter fließendem kaltem Wasser abspülen und mit Küchenpapier trockentupfen. Jeden Fisch auf beiden Seiten an zwei Stellen aufschneiden. Ein Viertel der Zwiebelmischung in jeden Fisch füllen.

☐ Die Fische in die Backform legen, mit der restlichen Butter beträufeln und 12–15 Min. in der offenen Form backen, bis sich das Fleisch leicht löst, wenn es mit der Spitze eines Messers angehoben wird. Den Fisch auf einem Bett aus Friséesalat anrichten und mit den restlichen Granatapfelkernen bestreuen.

FISCH SÜSS-SAUER

FÜR 6 PERSONEN

Süß-saurer Fisch wurde in Osteuropa grundsätzlich mit Karpfen zubereitet. In Frankreich kennt man das Rezept als *carpe à la Juive* (Karpfen auf jüdische Art), und es war Tradition, dem Hausherrn zu Rosch HaSchana, dem jüdischen Neujahrsfest, den Kopf des Fisches zu servieren. In diesem Rezept werden Fischsteaks anstatt eines ganzen Fisches verwendet.

- 6 Fischsteaks von Karpfen, Hecht, Lachs oder Forelle, 2,5 cm dick (insgesamt 1,4 kg)
- Salz
- Schwarzer Pfeffer aus der Mühle
- 1 Zwiebel, in dünne Scheiben geschnitten
- 1 Karotte, in dünne Scheiben geschnitten
- 1 Lorbeerblatt
- 4–6 ganze Nelken
- 1 Zitrone, in Scheiben geschnitten und entkernt
- 2–4 Scheiben frische Ingwerwurzel
- 1 EL schwarze Pfefferkörner
- 125 ml Rotweinessig
- 125 g heller brauner Zucker
- 90 g Rosinen
- 4 Ingwerkekse, zerbröselt (nach Belieben)
- 3–4 EL gehackte frische Petersilie
- Zitronenspiralen zum Garnieren

☐ Die Fischsteaks unter fließendem kaltem Wasser abspülen und mit Küchenpapier trockentupfen. Mit Salz und Pfeffer nach Geschmack würzen und beiseite stellen.

☐ Zwiebeln, Karotten, Lorbeerblatt, Nelken, Zitronenscheiben, Ingwerwurzel und Pfefferkörner mit 900 ml kaltem Wasser in eine große, tiefe Bratpfanne geben, die nicht aus Aluminium sein sollte. Bei starker Hitze aufkochen, dann abgedeckt 15 Min. sieden lassen.

☐ Die Fischsteaks hineingeben und bei mittlerer bis geringer Hitze 10–12 Min. in der geschlossenen Pfanne sieden, bis sich der Fisch von der Mittelgräte löst und weißlich wird. Mit einem Fischheber die Fischsteaks vorsichtig in eine große, tiefe Glas- oder Keramikbackform heben.

☐ Den Sud erneut aufkochen und 7–10 Min. köcheln, bis er auf die Hälfte reduziert ist. In einen kleineren Topf umfüllen und Essig, braunen Zucker und Rosinen zugeben. Weitere 2–3 Min. köcheln, dann nach Belieben zerbröselte Ingwerkekse und gehackte Petersilie einrühren. Etwas abkühlen lassen, dann die Soße über den Fisch gießen. Völlig abkühlen lassen und über Nacht in den Kühlschrank stellen. Gekühlt mit Zitronenspiralen garniert servieren.

FANGFRISCHE FISCHE AUS DEN GEWÄSSERN VOR DER TÜRKISCHEN KÜSTE.

Beilagen

LAUCHPLÄTZCHEN

FÜR 4 PERSONEN

Lauch ist ein traditionsreiches Gemüse, das in der sephardisch-jüdischen Küche häufig verwendet wird. Diese Lauchplätzchen werden von griechischen Juden zu Pessach gegessen. Sie sind eine köstliche Beilage zu gebratenem Geflügel und Fleischgerichten. Eine herzhaftere Variante mit Hackfleisch wird als Hauptgericht serviert.

- 1 kg Lauch, der Länge nach halbiert und gut gespült
- 2 Eier, verquirlt
- Mindestens 30 g feines Matzenmehl (Kuchenmehl)
- Salz
- Schwarzer Pfeffer aus der Mühle
- 1/2 TL getrockneter Thymian
- 1/4 TL Zimt
- Pflanzenöl zum Fritieren
- Als Beilage: Zitronenstückchen

☐ Den Lauch in einer großen, halb mit Wasser gefüllten Bratpfanne, bei starker Hitze 5–7 Min. gerade weich kochen. Unter kaltem Wasser abschrecken.

☐ Den Lauch auf einem Schneidbrett fein hacken. In einem sauberen Geschirrtuch auspressen, um alle Flüssigkeit zu entfernen. In eine große Schüssel geben.

☐ Verquirlte Eier, Matzenmehl, Salz und Pfeffer nach Geschmack, Thymian und Zimt dazugeben und gut verrühren. Der Teig sollte weich genug sein, um vom Löffel zu tropfen, eventuell etwas Matzenmehl oder Wasser zugeben.

☐ In einer großen, tiefen Bratpfanne etwa 2,5 cm hoch Öl oder soviel, daß die Plätzchen bedeckt sind, bei mittlerer bis starker Hitze heiß werden lassen. Den Teig löffelweise in das heiße Öl geben und 2 Min. fritieren, bis die Unterseite der Plätzchen gebräunt ist. Wenden und noch 1 Min. fritieren, bis auch die andere Seite gebräunt ist.

☐ Auf eine Servierplatte legen und bei 150° im Backofen warm halten. Auf diese Weise den gesamten Teig verarbeiten, eventuell etwas Öl nachfüllen. Mit Zitronenstückchen garniert sofort servieren.

LATKES

FÜR 6–8 PERSONEN

Latkes sind eine sehr bekannte und beliebte Kartoffelbeilage in der jüdischen Küche. Diese Pfannkuchen werden in Öl gebraten und sind an Chanukka Tradition, weil sie das Wunder des Öls, das acht Tage reichte, symbolisieren. Sie schmecken ausgezeichnet zu gebratenem Geflügel wie Ente oder Gans, können aber auch zum Brunch mit Zucker bestreut oder mit Apfelmus oder Sauerrahm als Hauptgericht gegessen werden.

- 6 mittelgroße Kartoffeln, geschält
- 1 Zwiebel
- 2 Eier, verquirlt
- 60 g feines Matzenmehl oder Mehl
- 1 TL Salz
- 1 Prise gemahlener weißer Pfeffer
- Pflanzenöl zum Fritieren
- Als Beilage: Apfelmus oder Sauerrahm

☐ Kartoffeln und Zwiebeln in einer Küchenmaschine mit Reibaufsatz fein raspeln. In einem Sieb abtropfen lassen und soviel Flüssigkeit wie möglich herauspressen. In eine große Schüssel geben und die übrigen Zutaten, außer dem Öl und den Beilagen, unterrühren. (Dabei so schnell wie möglich arbeiten, damit die Kartoffeln nicht braun werden.)

☐ In einer großen, schweren Bratpfanne etwa 2,5 cm hoch Öl oder soviel, daß die Pfannkuchen bedeckt sind, bei mittlerer bis starker Hitze erwärmen. Den Teig eßlöffelweise in das heiße Öl geben und 2 Min. fritieren, bis die Unterseite gebräunt ist. Wenden und noch 1–2 Min. fritieren, bis auch die andere Seite braun ist.

☐ Auf eine Servierplatte legen und bei 150° im Backofen warm halten. Auf diese Weise den gesamten Teig verarbeiten, eventuell etwas Öl nachfüllen. Mit Apfelmus oder Sauerrahm sofort servieren.

KAROTTEN-ZIMMES-LAIB FÜR DAS NEUJAHRSFEST

FÜR 8–10 PERSONEN

Wegen ihrer schönen goldenen Farbe symbolisieren Karotten Wohlstand und Hoffnung, und daher werden sie zum Neujahrfest, an Rosch HaSchana, serviert. Sie bilden oft die Grundlage eines fleischlosen Zimmes, eines Eintopfgerichts oder eines Auflaufs. Im Jiddischen bedeutet Zimmes Aufregung, Getöse, und Zimmes um jemanden oder etwas machen heißt, viel Getue machen – gewöhnlich ist dafür die Großmutter zuständig.
Bei diesem Gericht ist viel Getue notwendig, aber es ist der Mühe wert und kann im voraus zubereitet werden. Diese Variante wird mit traditionellen Zutaten hergestellt und orieniert sich an einer Vorspeise, die im Restaurant Quai d'Orsay in Paris immer mit Karotten und blanchierten Artischocken zubereitet und mit einer Buttersoße serviert wurden. Dieses Rezept eignet sich besonders für ein großes Feiertagsmenü.

- 2 Lauchstangen, der Länge nach halbiert und gut gespült
- 2 große Karotten, gekocht und zerdrückt
- 1 große Süßkartoffel, gekocht und zerdrückt
- 2 EL neutrale Margarine, zerlassen, oder Pflanzenöl
- 2 EL Honig
- 1 EL Zitronensaft
- Salz
- Schwarzer Pfeffer aus der Mühle
- 1/4 TL Cayennepfeffer, oder nach Geschmack
- 1/4 TL gemahlener Muskat
- 4 Frühlingszwiebeln, fein gehackt
- 4 Eier
- 2 Eigelb
- 2 große Kartoffeln, gekocht und zerdrückt
- 425 g Trockenpflaumen, 10–15 Min. in heißem Wasser eingeweicht
- Frische Petersilie und Zitronenspiralen zum Garnieren

☐ Wasser in einen großen Topf füllen und bei starker Hitze zum Kochen bringen. Lauch zugeben und 1–2 Min. kochen, bis das Gemüse etwas weich ist und die Farbe leuchtend wird. Abgießen und mit fließendem kaltem Wasser abschrecken, um den Kochprozeß zu beenden und die Farbe zu erhalten. Den Lauch in einzelne Lagen trennen, auf einem sauberen Geschirrtuch ausbreiten, gut abtropfen lassen und abtupfen. Beiseite stellen.

☐ Die zerdrückten Karotten und die Süßkartoffel in einer großen Schüssel mit zerlassener Margarine oder Öl, Honig, Zitronensaft, Salz und Pfeffer nach Geschmack, Cayennepfeffer, Muskat und der Hälfte der gehackten Frühlingszwiebeln mischen.

☐ 2 Eier und 1 Eigelb in einer kleinen Schüssel verquirlen. Unter die Karotten-Süßkartoffel-Mischung rühren. Beiseite stellen.

☐ Die zerdrückten Kartoffeln in eine weitere Schüssel geben. Salzen und pfeffern, dann die restlichen Frühlingszwiebeln dazugeben. Die übrigen beiden Eier und 1 Eigelb in einer weiteren kleinen Schüssel verquirlen. Zur Kartoffel-Frühlingszwiebel-Mischung geben und gut vermischen.

☐ Den Backofen auf 190° vorheizen. Eine Kastenform (23,5 x 12,5 x 7,5 cm) oder eine längliche Terrinenform dünn einfetten. Die Lauchstreifen quer in die Form legen, so daß sie sich überlappen, und dabei obere und untere Enden abwechseln lassen, damit die Form mit weißen und grünen Streifen ausgelegt ist. Die Lauchstreifen über die Seiten der Form hängen lassen.

☐ Pflaumen abgießen und mit Küchenpapier trockentupfen. Die Hälfte der Karotten-Süßkartoffel-Mischung vorsichtig einfüllen und glattstreichen, um eine gleichmäßige untere Schicht zu erhalten. Ein Drittel der Pflaumen auf die Karottenmischung legen, dabei zwischen den einzelnen Pflaumen Abstand lassen. Mit der Hälfte der Kartoffel-Frühlingszwiebel-Mischung bedecken und die Schicht glattstreichen. Ein weiteres Drittel der Pflaumen darüber verteilen. Noch einmal jeweils eine Lage Karotten-Süßkartoffel-Mischung, Pflaumen und Kartoffel-Frühlingszwiebel-Mischung einfüllen.

☐ Die Enden der Lauchstreifen nach innen falten, um den Teig zu bedecken, und die Form fest mit Folie verschließen.

☐ Die Form in eine flache Brat- oder Backform stellen. Die Backform etwa 4 cm hoch mit kochendem Wasser füllen. 1 1/4 Std. backen, bis ein Messer, das in den Teig gestochen wird, sauber bleibt. Eventuell das Wasser im Wasserbad nachfüllen.

☐ Die Terrinenform aus dem Wasserbad heben und den Boden der Form abtrocknen. Auf einen Teller stellen und über Nacht beschweren.

☐ Zum Servieren aus der Form lösen und in dünne Scheiben schneiden. Dazu mit einem scharfen Messer um die Ränder der Form fahren und diese leicht schütteln, dann die Terrine auf eine Servierplatte stürzen. Die Scheiben mit Petersilienzweigen und Zitronenspiralen garnieren und gekühlt servieren.

KOCH-TIP

UM DEN LAIB ZU BESCHWEREN, EIN DÜNNES STÜCK PAPPE IN DER GRÖSSE DES LAIBES ZUSCHNEIDEN. IN FOLIE EINWICKELN UND AUF DIE TERRINE PRESSEN. ZWEI SCHWERE DOSEN AUF DIE PAPPE STELLEN UND ÜBER NACHT IN DEN KÜHLSCHRANK STELLEN. DEN LAIB MIT EINEM SCHARFEN MESSER MIT DÜNNER KLINGE, DIE VOR DEM SCHNEIDEN JEDER SCHEIBE UNTER HEISSEM WASSER ABGESPÜLT UND TROCKENGERIEBEN WIRD, AUFSCHNEIDEN.

SÜSS-SAURER ROTKOHL

FÜR 6–8 PERSONEN

Kohl wird in der jüdischen Küche häufig verwendet, besonders von russischen und mitteleuropäischen Juden, die ihn leider oft zu lange kochen. Dieses geschmorte Kohlgericht schmeckt besonders gut zu reichhaltigen Fleischspeisen wie Gans, Ente oder Schmorfleisch. Mit Weißkohl zubereitet kann man es auch gut zum Truthahn servieren.

- 2 EL Pflanzenöl
- 1 Zwiebel, halbiert und in dünne Scheiben geschnitten
- 2 Dessert-Äpfel, geschält, entkernt und in dünne Scheiben geschnitten
- 1 Rotkohl, etwa 750 g, geviertelt, ohne Strunk und in feine Streifen geschnitten
- 60 ml Rotweinessig
- 2–3 EL heller brauner Zucker
- 60 g Sultaninen (nach Belieben)
- 125 ml Gemüsebrühe oder Wasser
- Salz
- Schwarzer Pfeffer aus der Mühle

☐ Öl in einem großen Topf mit schwerem Boden, der nicht aus Aluminium sein sollte, bei mittlerer bis starker Hitze heiß werden lassen. Die Zwiebel 5–7 Min. anbraten, bis sie weich und goldfarben ist. Die Apfelscheiben zugeben und 2–3 Min. braten, bis sie beginnen, braun zu werden.

☐ Den Rotkohl und die übrigen Zutaten zufügen. Im geschlossenen Topf 30–40 Min. kochen, bis der Kohl weich ist. Dabei eventuell Wasser nachgießen. Den Deckel abnehmen und weiterkochen, bis die Flüssigkeit verdampft ist. In eine Servierschüssel füllen.

KOCH-TIP

SÜSS-SAURER KOHL SCHMECKT AUCH KALT AUSGEZEICHNET. WENN SIE DAS GERICHT MIT WEISSKOHL ZUBEREITEN WOLLEN, VERWENDEN SIE WEISSWEINESSIG ODER ZITRONENSAFT UND WEISSEN ZUCKER.

WÜRZIGE KARTOFFELN AUF INDISCHE ART

FÜR 6–8 PERSONEN

Dies ist ein typisches Gericht der Bene-Israel-Juden, die in Bombay leben. Die grünen Erbsen werden wegen der schönen Farbzusammenstellung dazugegeben.

- 1,4 kg festkochende neue oder rote Kartoffeln
- 5–6 EL Pflanzenöl
- Salz
- 1/2 TL Chilipulver
- 1/2 TL getrocknete und zerstoßene rote Chilischote oder 1/4 TL Cayennepfeffer
- 1/2 TL Currypulver oder Garam Masala
- 1/2 TL Kurkuma
- 1/2 TL gemahlener Kreuzkümmel
- 2 TL Zitronensaft
- 150 g grüne Erbsen (nach Belieben)
- Frische Korianderblätter zum Garnieren (nach Belieben)

☐ Die Kartoffeln in einen großen Topf geben. Mit kaltem Wasser bedecken und bei starker Hitze aufkochen. Etwa 20 Min. kochen lassen, bis sie gerade weich sind; nicht zu lange kochen. Kartoffeln abgießen und unter fließendem kaltem Wasser spülen, um sie etwas abzukühlen.

☐ Die Kartoffeln schälen und in 2,5 cm große Würfel schneiden. 4 EL Öl in einer großen Bratpfanne bei mittlerer bis starker Hitze heiß werden lassen. Salz nach Geschmack, Kurkuma, Kreuzkümmel, Chilipulver, rote Chilischote oder Cayennepfeffer und Currypulver oder Garam Masala zufügen und gut verrühren.

☐ Die Kartoffelwürfel zugeben und wenden, um sie mit der Würzmischung zu umhüllen. Dabei eventuell etwas Öl hinzufügen. Zitronensaft und 60 ml Wasser dazugeben. Zugedeckt 5 Min. kochen.

☐ Deckel abnehmen und gegebenenfalls die Erbsen unterheben. Noch 2–3 Min. kochen lassen, bis die Erbsen heiß sind. Nach Wunsch mit Korianderblättern garniert servieren.

SELBSTGEMACHTE NUDELN

FÜR 4–6 PERSONEN

Pasta ist in der ganzen jüdischen Welt sehr beliebt. Lokschen, wie das jiddische Wort für Nudeln lautet, werden bei den osteuropäischen Juden als Beilage zu Fleisch und Schmorgerichten gereicht, in der Suppe serviert oder in Aufläufen, die Kugels heißen – das sind mit Eiern angereicherte Gerichte aus gebackenen Nudeln mit süßen oder pikanten Zutaten. Pasta ist das Nationalgericht der italienischen Juden, die griechischen und türkischen Juden verwenden Makaroni in gebackenen Fleischgerichten, und die Sephardim essen dünne Nudeln oder Vermicelli, die Fidellos genannt werden. Diese selbstgemachten Nudeln können zu Suppennudeln verarbeitet oder in jede andere beliebige Form geschnitten werden.

VARIANTEN

NUDEL-QUADRATE (PLÄTSCHEN)

DEN TEIG WIE OBEN ANGEGEBEN ZUBEREITEN, ABER NICHT ZU NUDELN VERARBEITEN. DIE TEIGQUADRATE STATT DESSEN IN 1,25 CM BREITE STREIFEN SCHNEIDEN UND DIESE DANN IN 1,25 CM BREITE STÜCKE, UM QUADRATE MIT 1,25 CM KANTENLÄNGE ZU ERHALTEN. WIE OBEN ANGEGEBEN KOCHEN, FÜR SUPPEN VERWENDEN.

SCHMETTERLINGE (SCHPÄTZLEN)

DEN TEIG WIE ANGEGEBEN AUSROLLEN, ABER NICHT ZUM TROCKNEN AUSLEGEN. TEIG IN 2,5 CM BREITE STREIFEN UND DIESE IN 2,5 CM BREITE STÜCKE SCHNEIDEN, UM QUADRATE MIT 2,5 CM KANTENLÄNGE ZU ERHALTEN. FÜR DIE SCHMETTERLINGSFORM DIE QUADRATE IN DER MITTE ZUSAMMENDRÜCKEN. WIE OBEN ANGEGEBEN KOCHEN, ZU SUPPEN ODER SCHMORGERICHTEN REICHEN.

FINGERHÜTCHEN

DEN TEIG WIE ANGEGEBEN ZUBEREITEN, ABER NUR 15 MIN. TROCKNEN. DAS TEIGSTÜCK DER LÄNGE NACH EINMAL FALTEN, UND MIT EINEM BEMEHLTEN FINGERHUT ODER EINEM SEHR KLEINEN RUNDEN AUSSTECHER DIE DOPPELTE PASTA-LAGE AUSSTECHEN. DIE PASTAKREISE IN ÖL BEI 190° FRITIEREN, BIS SIE GOLDBRAUN UND ETWAS AUFGEGANGEN SIND. AUF KÜCHENPAPIER ABTROPFEN LASSEN, DANN FÜR HÜHNERSUPPE VERWENDEN.

- 250 g Mehl
- 2 Eier
- 1/2 TL Salz

☐ Mehl, Eier und Salz im Mixer gut mischen. Bei laufender Maschine 1–2 EL Wasser zugeben, bis der Teig sich im Mixer zu einer Kugel formt. (Falls der Teig zu klebrig ist, etwas Mehl zugeben.) 30 Sekunden rühren.

☐ Den Teig auf eine dünn bemehlte Arbeitsfläche geben und leicht kneten, bis er glatt und elastisch ist. Den Teig auf der Arbeitsfläche mit einer umgedrehten Schüssel abdecken und 30 Min. ruhen lassen.

☐ 2 Backbleche mit Mehl bestreuen. Den Teig mit dem Messer halbieren und erst die eine Hälfte verarbeiten. Den Teig auf der bemehlten Arbeitsfläche so dünn wie möglich zu einem Quadrat mit 35 cm Kantenlänge ausrollen. Das Teigquadrat auf ein bemehltes Backblech legen und mit Mehl bestäuben; 25–30 Min. trocknen lassen. Vorgang mit der zweiten Hälfte des Teigs wiederholen.

☐ Wenn der Teig etwas getrocknet ist, jedes Quadrat zu einer losen, flachen Rolle falten. Abwechselnd in 3 mm –1,25 cm breite Streifen zerschneiden.

☐ Die Nudeln entrollen, schütteln, um sie zu trennen, und noch 1 Min. ruhen lassen. (Zur späteren Verwendung die Nudeln zum Trocknen über eine Stuhllehne oder eine Holzstange hängen.)

☐ Einen großen Topf mit Wasser zum Kochen bringen. Die Nudeln hineingeben und breite Nudeln etwa 5 Min., dünne Nudeln etwa 2–3 Min. kochen. Abgießen und in kochende Hühnerbrühe geben oder in Butter und Käse schwenken und sofort servieren.

PIKANTE NUDEL-KUGEL

Eine Kugel ist ein gebackener Auflauf, der bei den osteuropäischen Juden besonders beliebt ist. Traditionell wurde die Kugel in einer eigenen Form in oder neben einem Tscholent (siehe Seite 59) gebacken, und dann als Beilage oder danach mit eingelegtem Gemüse serviert. Nudel-Kugels können auch mit Zucker und frischen oder getrockneten Früchten zubereitet und als Dessert angeboten werden. Kugels mit Käse serviert man als Beilage oder als milchiges Hauptgericht an Schawuot.

☐ Den Backofen auf 180° vorheizen. Eine tiefe Auflaufform dünn einfetten. Die cremige Butter und den Frischkäse in einer großen Schüssel glattrühren. Hüttenkäse und Eier unterschlagen, dann langsam die Milch unterrühren.

☐ Zitronenschale und -saft, Frühlingszwiebeln, gegebenenfalls Rosinen, Salz und Pfeffer nach Geschmack und Muskat unterrühren. Nudeln dazugeben und durch Wenden gut mischen.

☐ In die Auflaufform geben und 1 Std. backen, bis die Mischung fest und die Oberfläche aufgegangen und goldbraun ist. Heiß oder kalt aus der Form servieren.

- 125 g Butter oder neutrale Margarine, zimmerwarm
- 250 g Frischkäse, zimmerwarm
- 250 g Hüttenkäse
- 5 Eier, verquirlt
- 450 ml Milch
- Abgeriebene Schale oder Saft von einer Zitrone
- 2 Frühlingszwiebeln, fein gehackt
- 45 g Rosinen (nach Belieben)
- Salz
- Schwarzer Pfeffer aus der Mühle
- $1/4$ TL gemahlener Muskat
- 250 g breite oder schmale Eiernudeln, gekocht und abgetropft

VARIANTE

DIE KUGEL IN EINER GUT GEFETTETEN RUNDEN FORM 45–50 MIN. BACKEN UND AUF EINE SERVIERPLATTE STÜRZEN. ZUM SERVIEREN IN RECHTECKE SCHNEIDEN.

SÜSSKARTOFFEL- UND PASTINAKEN-KUGEL

FÜR 6–8 PERSONEN

Die Kugel ist wohl eines der köstlichsten Gerichte, das die jüdische Küche der Welt geschenkt hat. Sie ist ein gebackener Auflauf, der pikant oder süß sein kann und, abhängig von den Zutaten, als Beilage oder Nachtisch gegessen wird. Süßkartoffeln, Karotten und Pastinaken sind Gemüse mit natürlicher Süße. Zusammen ergeben sie einen Gemüseauflauf, der besonders gut zu gebratenem Truthahn oder Ente schmeckt.

- 2 Süßkartoffeln, geschält
- 2 Karotten, geschält
- 2 Pastinaken, geschält
- 1 Apfel, geschält, entkernt und geviertelt
- 1 Zwiebel, geviertelt
- 60 g Butter, Margarine oder neutrale Margarine
- Salz
- Schwarzer Pfeffer aus der Mühle
- 1 TL Zimt
- 1/2 TL geriebener Muskat
- 60 g heller brauner Zucker
- 4 EL helle Melasse oder Sirup
- 2 Eier, verquirlt
- 30 g Matzenmehl (Kuchenmehl)
- 60 ml Pflanzenöl

☐ In einer Küchenmaschine mit Reibaufsatz Kartoffeln, Karotten, Pastinaken und Apfel reiben. In eine große Schüssel geben und beiseite stellen. Die Küchenmaschine säubern und die Zwiebel reiben.

☐ Den Backofen auf 190° vorheizen. In einer großen, tiefen Pfanne Butter oder Margarine bei mittlerer bis starker Hitze zerlassen. Die Zwiebel 2–3 Min. anbraten, bis sie weich wird. Die geriebenen Gemüse und den Apfel zufügen und 4–5 Min. anbraten, bis das Gemüse weich wird. In eine große Schüssel geben.

☐ Nach Geschmack salzen und pfeffern, Zimt, Muskat, braunen Zucker, Melasse oder Sirup und 60 ml Wasser zugeben. Gut verrühren und etwas abkühlen lassen. Verquirlte Eier und Matzenmehl zufügen.

☐ Pflanzenöl in einem mittelgroßen Bräter oder einer 22,5 x 32,5 cm großen Backform erhitzen. Sobald das Öl schmort, wenn etwas von der Gemüsemischung hineingegeben wird, die gesamte Mischung in die Backform geben und glattstreichen. Mit Alufolie abgedeckt 30 Min. backen. Folie entfernen und weitere 15–20 Min. backen, bis die Oberfläche braun und das Gemüse weich ist, wenn man mit einem Messer hineinsticht.

KREPLACH

FÜR 75 STÜCK

Kreplach ist das jiddische Wort für »kleine Crêpes«. Sie stammen ursprünglich aus Rußland und Polen. Es sind kleine, gefüllte Teigtaschen, die manchmal auch als die jüdischen Ravioli oder jüdische Wantans bezeichnet werden. Sie werden in verschiedenen Formen hergestellt und mit Fleisch, Hühnerfleisch oder, an Schawuot, mit Käse gefüllt. Die Fleischfüllung wird in der Regel aus der Rinderhachse für die Suppe an Purim oder vor dem Jom-Kippur-Fasten gemacht, aber man kann statt dessen auch Hackfleisch verwenden.

- 250 g gekochtes Rindfleisch, gehackt, oder 250 g Rinderhackfleisch, gebraten
- 1 kleine Zwiebel, gehackt
- 1/2 TL Salz
- Schwarzer Pfeffer aus der Mühle
- 1 EL gehackter frischer Dill (nach Belieben)
- 1 Ei
- 1 Portion selbstgemachter Nudelteig (siehe Seite 78)

KOCH-TIP

KREPLACH KÖNNEN AUCH ANDERS SERVIERT WERDEN. WIE ANGEGEBEN IN WASSER KOCHEN, IN BUTTER ODER ÖL WENDEN UND MIT GERIEBENEM KÄSE ODER TOMATENSOSSE SERVIEREN. ALS MILCHIGES HAUPTGERICHT DIE KREPLACH MIT ETWAS GEHACKTER ZWIEBEL IN BUTTER ODER ÖL BRATEN UND MIT KÄSE BESTREUEN.

☐ Rindfleisch und gehackte Zwiebel in einem Mixer mit Metallschneide fein zerkleinern, aber nicht pürieren. Salz, Pfeffer nach Geschmack, eventuell Dill und das Ei zufügen und vorsichtig mixen, bis die Mischung feucht ist und abbindet. In eine Schüssel geben und bis zur Verwendung in den Kühlschrank stellen.

☐ Den Nudelteig zubereiten und wie angegeben ausrollen, aber nicht trocknen lassen. In Quadrate mit 5 cm Kantenlänge schneiden. 1 TL Füllung in die Mitte jedes Quadrats geben und die Ränder mit etwas Wasser bepinseln. Die untere linke Ecke auf die obere rechte legen, so daß ein Dreieck entsteht, und die Ränder fest zusammendrücken, um die Teigtasche gut zu verschließen.

☐ Auf ein dünn bemehltes Backbrett geben und so weiterarbeiten, bis der gesamte Teig verbraucht ist. (Kreplach können bis zu diesem Punkt vorbereitet und bis zum Kochen in den Kühlschrank gestellt werden.)

☐ Einen großen Topf mit Wasser zum Kochen bringen. Einen Teil der Kreplach hineingeben, aber nicht zu viele. Bei milder Hitze 12–15 Min. sieden. Mit einem Schaumlöffel herausheben und in einem Sieb abtropfen lassen. Das Wasser erneut zum Kochen bringen und fortfahren, bis alle Kreplach weich sind. (Gekochte Kreplach können bis zur weiteren Verwendung im Kühlschrank aufbewahrt oder eingefroren werden.)

☐ Vor dem Servieren die Kreplach 10–12 Min. in Hühner- oder Fleischbrühe sieden, bis sie vollständig heiß sind. Sehr heiß servieren.

KÄSEFÜLLUNG

500 G HÜTTENKÄSE, 2 EL SAUERRAHM, 3 EL FEINE SEMMELBRÖSEL ODER MATZENMEHL, SALZ UND PFEFFER NACH BELIEBEN, 1 EL GEHACKTE FRISCHE PETERSILIE, 1 EL SCHNITTLAUCHRÖLLCHEN UND 1 EI GUT MISCHEN. BIS ZUR VERWENDUNG IM KÜHLSCHRANK AUFBEWAHREN.

KASCHA VARNISCHKES

FÜR 6–8 PERSONEN

Kascha, gerösteter Buchweizen, ist eine wichtige Getreidespeise armer russischer Juden, weil sie herzhaft und reichhaltig ist. Von diesem Gericht gibt es zwei Varianten. Die eine, die an Purim gegessen wird, ist ein einfaches Essen aus sautierten Zwiebeln mit Kascha und Schmetterlingsnudeln. Aber die ursprüngliche Form ist eine kleine Teigtasche – oder Varnischke –, die mit Kascha und Pilzen gefüllt wird.

- 175 g Kascha
- 1 Ei, verquirlt
- 1/2 TL Salz
- Schwarzer Pfeffer aus der Mühle
- 450 ml Hühner- oder Gemüsebrühe oder Wasser
- 1 EL Pflanzenöl
- 500 g Pilze, grob gehackt
- 1 Portion selbstgemachter Nudelteig (siehe Seite 78)
- Butter oder Öl zum Braten
- Als Beilage: Sauerrahm

☐ Kascha und verquirltes Ei in einer Schüssel mischen, bis die Kascha gut benetzt ist. Die Kascha-Ei-Mischung in eine Pfanne mit schwerem Boden füllen und 3–5 Min. bei mittlerer bis starker Hitze braten, bis sich alle Körner voneinander gelöst haben.

☐ Salzen und nach Geschmack pfeffern. Hühner- oder Gemüsebrühe oder Wasser zugießen und abgedeckt bei mittlerer bis geringer Hitze 10 Min. kochen. Falls nötig, etwas Flüssigkeit zugeben.

☐ Öl in einer mittelgroßen Pfanne bei mittlerer bis starker Hitze heiß werden lassen. Die Pilze 5–7 Min. anbraten, bis sie weich sind und der größte Teil der Flüssigkeit verdampft ist.

☐ Den Deckel von der Kascha nehmen und umrühren. Die gebratenen Pilze zugeben und bei mittlerer bis geringer Hitze 3–5 Min. kochen, bis sämtliche Flüssigkeit aufgesogen ist. Vollständig abkühlen lassen.

☐ Den Nudelteig wie angegeben zubereiten, aber zu einem großen Rechteck von 3 mm Dicke ausrollen. Mit einem Ausstecher von 7,5 cm Durchmesser so viele Kreise wie möglich ausstechen. Den restlichen Teig erneut ausrollen.

☐ 1 TL Kascha-Füllung in die Mitte jedes Teigkreises geben. Die Teigränder mit Wasser bepinseln und den Teigkreis zusammenfalten. Die Ränder mit einer Gabel fest zusammenpressen, um sie zu verschließen.

☐ Einen großen Topf mit Wasser zum Kochen bringen. Die Varnischkes darin 12–15 Min. kochen, bis sie weich sind. Vorsichtig in ein Sieb abgießen. In einer Suppe oder mit Soße servieren oder in Butter oder Öl braten und heiß mit Sauerrahm auftragen.

DATTELERNTE IN EINEM KIBBUZ IM BETH SHEAN-TAL/ISRAEL.

EINFACHE KASCHA VARNISCHKES

DIE KASCHA WIE OBEN ZUBEREITEN (MIT ODER OHNE PILZE). 1 FEIN GEHACKTE ZWIEBEL IN 2 EL BUTTER ODER ÖL 3–5 MIN. BRATEN, BIS SIE WEICH UND GOLDFARBEN IST. DIE GEKOCHTE KASCHA UND 125 G GEKOCHTE SCHMETTERLINGSNUDELN UNTERRÜHREN. MIT SALZ UND PFEFFER ABSCHMECKEN UND HEISS ODER ALS BEILAGE ZU FLEISCHGERICHTEN SERVIEREN.

FIDELLOS TOSTADOS

FÜR 6 PERSONEN

Jahrhundertelang haben die sephardischen Juden in Spanien eine fadendünne, Vermicelli-ähnliche Pasta gegessen, die Fidellos heißt. Sie ist auch in Griechenland beliebt, wo sie von spanischen Juden, die während der Inquisition aus Spanien flüchteten, eingeführt wurde. Man kann die Pasta-Rollen auch klein brechen und die Nudeln mit Reis mischen.

- 375 g Vermicelli oder Suppennudeln in Nestern
- 100 g amerikanischer Langkorn-Reis
- 60 ml Olivenöl
- 1 215g-Dose Tomaten, abgetropft
- 450–750 ml Hühnerbrühe oder Wasser
- 1 TL Salz
- 1/2 TL getrockneter Oregano
- Schwarzer Pfeffer aus der Mühle
- Frischer Koriander zum Garnieren

☐ Pasta und Reis in einer trockenen, großen Pfanne mit schwerem Boden bei mittlerer bis starker Hitze unter gleichmäßigem Rühren 5–7 Min. anbraten, bis sie goldbraun sind. (Es ist nicht schlimm, wenn die Pasta etwas zerbricht.)

☐ Olivenöl, Tomaten, Hühnerbrühe oder Wasser, Salz, Oregano und schwarzen Pfeffer nach Geschmack zugeben. Aufkochen, dann auf mittlere Hitze schalten und 7–10 Min. sieden, dabei häufig rühren, um die Pasta zu entrollen. Die Hitze auf niedrige Stufe zurückschalten und zugedeckt noch weitere 10 Min. kochen, bis sämtliche Flüssigkeit aufgesogen und Pasta und Reis weich sind. In eine Servierschüssel füllen und mit Korianderblättern garnieren.

Indischer Reis mit Tomaten und Spinat

FÜR 6 PERSONEN

Dies ist ein mildes, aber sehr aromatisches Reisgericht aus der jüdischen Bene-Israel-Gemeinde in der Nähe von Bombay. Möglichst junge Spinatblätter sollten verwendet werden. Dhana-Jeera-Pulver ist eine Mischung aus gerösteten und gemahlenen Koriander- und Kreuzkümmelsamen, die in indischen Lebensmittelläden erhältlich ist.

- 3 EL Pflanzenöl
- 1 Zwiebel, halbiert und in dünne Scheiben geschnitten
- 425 g Basmati- oder amerikanischer Langkorn-Reis, abgespült und 30 Min. in kaltem Wasser eingeweicht
- 300 g junge Spinatblätter, gekocht und ausgedrückt, oder 1 300g-Paket Tiefkühl-Spinat, aufgetaut und ausgedrückt
- 2 mittelgroße Tomaten, geschält, entkernt und in Würfel geschnitten
- $1/4$ TL Kurkuma
- 1 TL Dhana-Jeera-Pulver (siehe oben), oder $3/4$ TL gemahlener Koriander und $1/4$ TL gemahlener Kreuzkümmel
- Salz
- Schwarzer Pfeffer aus der Mühle

☐ Öl in einem großen, schweren Topf bei mittlerer bis starker Hitze heiß werden lassen. Die Zwiebel 5–7 Min. anbraten, bis sie weich und goldfarben ist. Den Reis gut abtropfen lassen und zur Zwiebel geben. Unter ständigem Rühren 1–2 Min. braten, bis der Reis durchscheinend wird und Farbe annimmt.

☐ Spinat, Tomaten, Kurkuma und Dhana-Jeera-Pulver oder Koriander und Kreuzkümmel zugeben. Nach Geschmack salzen und pfeffern.

☐ 450 ml Wasser zugießen und umrühren. Die Reismischung aufkochen, dann den Topf gut verschließen und auf sehr niedrige Hitze schalten. 25 Min. sieden lassen, bis das Wasser vollständig aufgesogen und der Reis weich ist.

☐ Den Deckel abnehmen und den Reis mit einer Gabel vorsichtig auflockern. Dabei nicht die unterste Schicht abkratzen, die möglicherweise eine Kruste gebildet hat. Zudecken und weitere 10 Min. ziehen lassen. Den Reis mit einem Löffel in eine Servierschüssel geben; die knusprige braune Kruste vom Topfboden abkratzen und um den Reis garnieren. Heiß servieren.

Mamaliga auf rumänische Art

FÜR 6–8 PERSONEN

Diese klassische Maismehl-Speise ist charakteristisch für die Küche der rumänischen Juden und entspricht der Polenta Norditaliens. Sie ist leicht zuzubereiten und eine ideale Beilage zu Fleischgerichten wie Schmorfleisch mit Zwiebelsoße nach traditioneller Art (siehe Seite 58). Durch die Zugabe von Hüttenkäse wird daraus ein milchiges Hauptgericht. Ursprünglich wurde das Gericht mit Brunza Alba, einem rumänischen Käse, zubereitet, aber Weißkäse oder Hüttenkäse ist ein geeigneter Ersatz.

- 300 g Maismehl oder Polenta
- 1 TL Salz
- 4 EL Butter oder Öl (nach Belieben)
- 500 g Weißkäse oder Hüttenkäse, abgetropft und durch ein Sieb gedrückt

☐ Maismehl oder Polenta in einer mittelgroßen Schüssel mit 250 ml kaltem Wasser glattrühren. 900 ml Wasser in einem großen Topf zum Kochen bringen. Salz zugeben, dann nach und nach das angefeuchtete Maismehl hineinschütten. Dabei ständig rühren, damit sich keine Klumpen bilden.

☐ Bei mittlerer bis geringer Hitze und unter ständigem Rühren mit einem Holzlöffel 20–35 Min. köcheln, bis das Maismehl weich und das gesamte Wasser aufgesogen ist. Von der Kochstelle nehmen, nach Belieben Butter oder Öl und den Weiß- oder Hüttenkäse unterrühren. In eine Servierschüssel füllen und sofort servieren.

VARIANTE

Das Maismehl wie angegeben in 750–900 ml Wasser kochen und nur 2 EL Butter oder Öl unterrühren. Gleichmässig auf ein grosses Backblech oder in eine rechteckige Metallbackform streichen und abkühlen lassen. Wenn die Mamaliga fest ist, auf eine Arbeitsfläche stürzen und in Quadrate schneiden. In zerlassener Butter oder in Öl 3–5 Min. braten oder mit zerlassener Butter oder Öl bestreichen und unter dem vorgeheizten Grill 3–5 Min. backen, bis die Stücke heiss und gebräunt sind. Zu gebratenem Fleisch oder Gemüseeintöpfen servieren.

INDISCHER REIS MIT TOMATEN UND SPINAT.

CHELOU

FÜR 6–8 PERSONEN

Chelou ist ein einfaches Gericht aus gedämpftem Reis, der so im Ofen gebacken oder auf dem Herd zubereitet wird, daß sich am Topfboden eine Kruste bildet, während der übrige Reis locker bleibt. Es ist ein iranisches Gericht, das bei Juden und Nichtjuden gleichermaßen beliebt ist und traditionell zu Rosch HaSchana serviert wird. Chelou bildet auch die Grundlage vieler anderer Gerichte, bei denen er mit Fleisch, Gemüse oder einer Mischung aus getrockneten Kräutern und Fleisch kombiniert wird. Manchmal wird der Boden der Backform auch mit einer dünnen Lage Kartoffeln ausgelegt.

- 1 TL Salz
- 425 g Basmati oder anderer langkörniger Reis, gespült und 30 Min. in kaltem Wasser eingeweicht
- 4 EL Öl, oder 2 EL Öl und 2 EL Butter

☐ Mindestens 2 l Wasser mit Salz in einem großen Topf mit schwerem Boden bei starker Hitze aufkochen. Den Reis unter fließendem kaltem Wasser in einem Sieb spülen, bis das Wasser klar bleibt. Den Reis in das kochende Wasser geben und 7–10 Min. kochen, bis ein einzelnes Reiskorn außen fast weich, aber innen noch hart ist. Gelegentlich umrühren, aber darauf achten, daß die Reiskörner intakt bleiben. Den Reis in ein Sieb abgießen und unter fließendem warmem Wasser spülen, um die Stärke zu entfernen. Gut abtropfen lassen.

☐ 2 EL Öl mit 60 ml Wasser in einem zweiten großen Topf mit schwerem Boden oder einer tiefen Bratpfanne erhitzen, bis es raucht. Den Reis mit einem Löffel in den Topf geben, dabei den Topf schütteln, um den Reis gleichmäßig zu verteilen. Den Reis mit einem sauberen Geschirrtuch oder einer doppelten Lage Küchenpapier bedecken. Den Topf gut verschließen und auf sehr niedrige Hitze schalten. 15 Min. kochen, dann den Deckel und das Tuch entfernen und mit dem Griff eines Holzlöffels mehrere Löcher in den Reis bohren, damit Dampf abziehen kann.

☐ Die restlichen 2 EL Öl mit 2 EL Wasser mischen und den Reis damit beträufeln (für Butter siehe Variante), mit dem Tuch oder Küchenpapier bedecken, den Topf gut verschließen und weitere 10–15 Min. kochen.

☐ Den Topf öffnen und das Tuch oder Küchenpapier entfernen. Den Reis vorsichtig mit einer Gabel lockern, ohne die unterste Schicht abzukratzen. Den Reis mit einem Löffel in eine Servierschüssel geben, dann die Kruste vom Boden abkratzen und auf den lockeren Reis legen. Es ist Tradition, daß Ehrengäste die knusprigen Stücke bekommen!

VARIANTE

WENN FÜR EIN MILCHIGES GERICHT BUTTER VERWENDET WIRD, DIESE MIT 2 EL WASSER ZERLASSEN UND WIE OBEN FORTFAHREN. FALLS SIE DEN REIS MIT DER KARTOFFELSCHICHT KOCHEN MÖCHTEN, BEREITEN SIE IHN WIE ANGEGEBEN ZU UND ERHITZEN ÖL (ODER BUTTER) MIT WASSER. DEN TOPFBODEN MIT DEN 5 MM DICKEN SCHEIBEN VON 2 MITTELGROSSEN, GESCHÄLTEN KARTOFFELN AUSLEGEN. DIE KARTOFFELN MIT DEM REIS BEDECKEN UND WIE OBEN FORTFAHREN. DABEI BILDET SICH EINE KRUSTE AUS DEN KARTOFFELN UND ETWAS REIS.

COUSCOUS AUF SCHNELLE UND EINFACHE ART

FÜR 4 PERSONEN

Couscous, ein feiner Weizengrieß, ist ein wichtiges Nahrungsmittel der nordafrikanischen Juden. Es wird wie Reis im Orient oder Pasta in Italien gegessen. Während man früher für die Zubereitung außerordentlich lange brauchte, geht es heute dank der schnellkochenden Sorten sehr flott und leicht. Couscous schmeckt auch ohne weitere Zutaten köstlich und ist eine angenehme Abwechslung und auch eine ideale Beilage zu Lamm, Rindfleisch oder einem Gemüseragout. In Nordafrika wird das Couscous in einem besonderen Topfeinsatz, dem *Couscousier*, gedämpft. Darin wird es über dem schmorenden Eintopf zubereitet und dann zusammen mit dem Fleisch oder dem Gemüse serviert.

- 250 g schnellkochendes Couscous
- 2 EL Olivenöl
- 1 kleine Zwiebel, fein gehackt
- 2 Knoblauchzehen, fein gehackt
- Salz
- Schwarzer Pfeffer aus der Mühle
- 1 TL rote Pfeffersoße, oder $1/2$ TL Cayennepfeffer
- 1 TL Paprika
- 2 EL gehackte frische Petersilie, Korianderkraut oder Minze

☐ Das Couscous nach den Anweisungen auf der Packung zubereiten. Beiseite stellen.

☐ Öl in einer mittelgroßen Pfanne bei mittlerer bis starker Hitze heiß werden lassen. Die Zwiebel 3–5 Min. anbraten, bis sie weich ist und Farbe annimmt. Den Knoblauch zufügen und noch 1 Min. braten. Nach Geschmack salzen und pfeffern und rote Pfeffersoße oder Cayennepfeffer, Paprika und gehackte Petersilie, Korianderkraut oder Minze zugeben. Von der Kochstelle nehmen und in das gekochte Couscous rühren. Heiß oder warm servieren.

Salate

ISRAELISCHER SALAT

FÜR 4 PERSONEN

Dieser einfache Salat aus gewürfeltem frischem Gemüse und Olivenöl wird in Israel sehr gern gegessen, als Beilage zu Huhn und Fleisch in Pitabrot, und in manchen Familien sogar zum Frühstück. Jedes beliebige Gemüse kann dazu verwendet werden, aber Tomaten und Gurken sind ein Muß. Das Gemüse sollte in sehr kleine Würfel mit etwa 6 mm Kantenlänge geschnitten werden.

☐ Tomatenwürfel, geschnittene Gurke, grüne Paprikaschote, Zwiebel und Petersilie in eine Schüssel geben und mischen.

☐ Mit Olivenöl und Zitronensaft beträufeln, nach Geschmack salzen und pfeffern, erneut mischen. Mit frischer Minze garnieren.

- 2 große reife Tomaten, in Würfel von 6 mm Kantenlänge geschnitten
- 1 große oder 2 kleine Gurken, geschält und gewürfelt
- 1 grüne Paprikaschote, entkernt und gewürfelt
- 1 Zwiebel, gehackt
- 4 EL gehackte frische Petersilie
- 2–3 EL Olivenöl
- Saft von einer Zitrone
- Salz
- Schwarzer Pfeffer aus der Mühle
- Frische Minzeblätter zum Garnieren

VARIANTE

DAS GEMÜSE WIE OBEN BESCHRIEBEN VORBEREITEN, ABER MIT 3–4 EL TAHINI, VERDÜNNT MIT 2 EL ZITRONENSAFT, ANMACHEN UND MIT SALZ UND PFEFFER WÜRZEN. MIT ETWAS WASSER ODER NOCH MEHR ZITRONENSAFT AUF DIE GEWÜNSCHTE KONSISTENZ VERDÜNNEN.

SALAT AUS ROTEN RÜBEN UND BRUNNENKRESSE MIT SENF-VINAIGRETTE

FÜR 6 PERSONEN

Rote Rüben waren schon immer eine wichtige Zutat in der russisch-jüdischen Küche. Sie werden auch bei den Sephardim serviert, mit einem einfachen Dressing aus Zitronensaft, Olivenöl und etwas gehackter frischer Petersilie oder Koriander. In diesem Rezept werden frische rote Rüben mit Brunnenkresse und einem klassischen Dressing auf Senfbasis mit Öl und Essig kombiniert.

☐ Die Vinaigrette zubereiten. Weinessig in eine kleine Schüssel gießen. Nach Geschmack Salz, Pfeffer und Zucker zugeben. Den Senf sorgfältig unterrühren. Das Öl langsam mit einem Schneebesen unterschlagen, bis die Vinaigrette glatt und cremig ist. Beiseite stellen.

☐ Brunnenkresse oder Spinatblätter auf 6 Portionstellern anrichten. Die roten Rüben gleichmäßig auf die 6 Teller verteilen. Die Vinaigrette noch einmal durchrühren und mit einem Löffel über die roten Rüben geben. Mit Korianderblättern garnieren und sofort servieren.

SENF-VINAIGRETTE

- 4 EL Weißweinessig
- Salz
- Schwarzer Pfeffer aus der Mühle
- 1 TL Zucker (nach Belieben)
- 2 TL Dijon-Senf
- 150 ml Olivenöl oder Pflanzenöl oder eine Mischung aus beidem

- 1 großer Bund Brunnenkresse, oder 250 g junge Spinatblätter, geputzt und gewaschen
- 10–12 kleine rote Rüben, gekocht, geschält und in dünne Scheiben geschnitten oder gewürfelt
- Frische Korianderblätter zum Garnieren

KARTOFFELSALAT NACH DEUTSCHER ART

FÜR 4–6 PERSONEN

Obwohl die Kartoffel erst im 16. Jahrhundert aus Südamerika in Europa eingeführt wurde, nahmen die Juden in aller Welt sie sehr rasch in ihren Speiseplan auf. Die deutschen Juden verwendeten Kartoffeln sehr vielfältig für Brot, Suppen und Klöße. Sie aßen sie auch in Kugels, Latzkes und Knisches und gekocht, gebraten und warm oder kalt im Kartoffelsalat. Dies ist ein warmer Kartoffelsalat, der ohne Mayonaise zubereitet wird.

- 1 kg Salatkartoffeln, gekocht, geschält und in Würfel mit 1,25 cm Kantenlänge geschnitten
- 2 Gewürzgurken, gewürfelt
- 2 EL Pflanzenöl
- 1 Zwiebel, fein gehackt
- 1 Knoblauchzehe, fein gehackt
- 1 Stangensellerie, die Fäden abgezogen und fein gehackt
- Salz
- Schwarzer Pfeffer aus der Mühle
- 1 EL heller brauner Zucker
- 1 EL mittelscharfer Senf
- 60 ml Rot- oder Weißweinessig
- Gehackte frische Petersilie zum Garnieren

☐ Die warmen Kartoffeln in eine große Schüssel geben. Die gewürfelten Gewürzgurken zufügen. Beiseite stellen.

☐ Öl in einer mittelgroßen Pfanne bei mittlerer bis starker Hitze heiß werden lassen. Zwiebel, Knoblauch und Sellerie 2–3 Min. anbraten, bis die Zwiebel weich wird. Nach Geschmack salzen und pfeffern. Zucker, Senf und Essig sorgfältig unterrühren.

☐ Die Soße über die Kartoffel-Gewürzgurken-Mischung gießen und vorsichtig unterheben. In eine Servierschüssel geben und mit Petersilie bestreuen. (Nach Belieben zusätzlich mit Öl beträufeln.)

MAROKKANISCHER KAROTTENSALAT

FÜR 4–6 PERSONEN

Dies ist ein beliebter orientalischer Salat, der in Israel gerne gegessen wird. Er hat eine sehr ansprechende Farbe und schmeckt süß und würzig. Man kann auch rohe geriebene Karotten verwenden, aber traditionell werden die Karotten gekocht.

- 500 g Karotten, geschält und gekocht, bis sie gerade weich sind, Kochflüssigkeit aufbewahren
- 2 EL Pflanzenöl
- 2 Knoblauchzehen, fein gehackt
- 1 TL Salz
- 1 1/2 TL Kreuzkümmel
- 1/2 TL getrocknete, zerstoßene rote Chilis, Cayennepfeffer oder rote Pfeffersoße
- 1 TL Zucker
- 2–3 EL gehackte frische Petersilie
- 3–4 EL Zitronensaft
- Frische Petersilie zum Garnieren

☐ Die Karotten in einer Küchenmaschine mit Reibaufsatz oder mit der Handreibe in eine große Schüssel reiben. Beiseite stellen.

☐ Öl in einer mittelgroßen Pfanne bei mittlerer bis geringer Hitze heiß werden lassen. Gehackten Knoblauch 2–3 Min. anbraten, bis er weich wird und Farbe annimmt. Salz, Kreuzkümmel, getrocknete rote Chilischoten, Cayennepfeffer oder rote Pfeffersoße und Zucker dazugeben und verrühren.

☐ Gehackte Petersilie und Zitronensaft unterrühren. Langsam 125–175 ml der Karotten-Kochflüssigkeit zugießen. Aufkochen und 3–5 Min. köcheln. Über die Karotten gießen. Auf Zimmertemperatur abkühlen lassen.

☐ Abdecken und 6–8 Std. oder über Nacht in den Kühlschrank stellen. In eine Servierschüssel geben und mit Petersilie garnieren.

GURKENSALAT MIT DILL

FÜR 4–6 PERSONEN

Gurkensalate sind bei den meisten Juden beliebt. In Osteuropa bevorzugt man eine Marinade auf Essig-(oder Essigsäure)Basis; im Nahen Osten verwendet man für Tarator oder Cacik, die traditionellen Gurkensalate, ein Joghurtdressing. Beide Varianten sind köstliche Beilagen zu Fisch, Geflügel- und Lammgerichten und passen gut zu einem kalten Büffet.

☐ Essig und 125 ml Wasser in einen Meßbecher gießen. Zucker, Salz und Pfeffer nach Geschmack unterrühren. Gehackten Dill zugeben und verrühren; beiseite stellen.

☐ Mit einer Gabel die Gurke der Länge nach einkerben. Gurke in einer Küchenmaschine mit Hobelaufsatz in dünne Scheiben schneiden. In eine große Schüssel geben und die Marinade darübergießen. Über Nacht kühl stellen. Gekühlt servieren.

- 60 ml Weißwein- oder weißer Branntweinessig
- 1–2 EL Zucker
- Salz
- Schwarzer Pfeffer aus der Mühle
- 2–3 EL fein gehackter frischer Dill
- 1 Gurke, dünn geschält

VARIANTE

MARINADE OHNE ESSIG. 250 ML NATURJOGURT MIT 1 ZERDRÜCKTEN KNOBLAUCHZEHE, SALZ UND PFEFFER NACH GESCHMACK, 1–2 EL ZITRONENSAFT UND 1 EL GEHACKTEM FRISCHEM DILL ODER MINZE VERRÜHREN. ÜBER DIE IN SCHEIBEN GESCHNITTENE GURKE GEBEN. ÜBER NACHT KALT STELLEN. GEKÜHLT SERVIEREN.

TABOULEH

FÜR 10–12 PERSONEN

Dieser nahöstliche Salat aus Weizengrieß ist ein ideales Gericht für ein kaltes Büffet und eine angenehme Abwechslung zu Reissalat. Der Weizengrieß hat einen erdigen Geschmack, der durch reichlich Petersilie betont wird – man nennt dieses Gericht auch manchmal Petersiliensalat.

- 175 g Bulgur-Weizengrieß
- 2 große, reife Tomante, geschält, entkernt und kleingeschnitten, oder 4–5 italienische Eiertomaten, fein gehackt
- 1 kleine Gurke, geschält, entkernt und fein gehackt
- 4 Frühlingszwiebeln in feine Scheiben geschnitten
- 4–6 EL gehackte frische Petersilie
- 4–6 EL gehackte frische Minze
- Saft von 2–3 Zitronen
- 175 ml Olivenöl
- Salz
- Schwarzer Pfeffer aus der Mühle
- Weinblätter oder in Streifen geschnittener grüner Salat
- Cocktailtomaten, Olivenscheiben und Minzeblätter zum Garnieren

☐ Den Bulgur in eine große Schüssel geben. Mit kaltem Wasser bedecken und über Nacht oder bis er weich ist einweichen lassen.

☐ In ein Sieb abgießen. Auf ein sauberes Geschirrtuch schütten und in das Tuch einrollen, um ihn auszudrücken. In eine große Schüssel geben und mit einer Gabel auflockern.

☐ Gehackte Tomaten, Gurken, in Scheiben geschnittene Frühlingszwiebeln, gehackte Petersilie und gehackte Minze dazugeben und gut vermischen. Zitronensaft und Olivenöl zugießen und nach Geschmack mit Salz und Pfeffer würzen. Der Geschmack sollte scharf und kräuterbetont sein. Bis zum Servieren in den Kühlschrank stellen.

☐ Zum Servieren eine flache Schüssel mit Weinblättern oder Salatstreifen auslegen. Den Bulgursalat pyramidenförmig aufhäufen und mit Cocktailtomaten, Olivenscheiben und Minzeblättern garnieren.

AVOCADO-GRANATAPFEL-SALAT

FÜR 4 PERSONEN

Avocados sind Israels wichtigstes Exportgut, und sie sind so beliebt und variabel, daß sie für viele Salate und Vorspeisen verwendet werden. Mit Orangen, einer ebenfalls in großen Mengen exportierten Frucht, und Granatapfel harmonieren sie in diesem Salat ausgezeichnet. Er kann als extravaganter erster Gang oder als Beilage zu einem fleischigen oder milchigen Abendessen serviert werden.

DRESSING

- 4 EL Weißweinessig
- 2 EL Orangensaft
- Salz
- Schwarzer Pfeffer aus der Mühle
- 1 TL Honig
- 2 EL Olivenöl
- 1 EL Erdnuß- oder Sonnenblumenöl
- 2 EL gehackte frische Minze

- 1 reifer Granatapfel, halbiert
- 175 g blaue Trauben, halbiert und entkernt
- 2 reife Avocados
- 1 EL Zitronensaft
- Frische Minzeblätter zum Garnieren

☐ Weinessig, Orangensaft, Salz und Pfeffer nach Geschmack und Honig in einer kleinen Schüssel verrühren. Langsam Olivenöl und Pflanzenöl unterschlagen, bis das Dressing dick und cremig ist. Die gehackte Minze einrühren. Beiseite stellen.

☐ Die Kerne aus den Granatapfelhälften in eine mittelgroße Schüssel auslösen. Die Traubenhälften zugeben und vermischen.

☐ Die Avocados halbieren und die Kerne entfernen. Mit einem Messer mit runder Klinge zwischen das Fruchtfleisch und die Schale der Avocados fahren und die Schale vom Fleisch trennen.

☐ Die Avocados mit der Rundung nach oben auf eine Arbeitsfläche legen und mit einem scharfen Messer etwa 1,25 cm oberhalb des unteren Stengelansatzes ansetzend in 6 mm dicke Scheiben schneiden, ohne den unteren Teil zu zerschneiden. Die aufgeschnittenen Avocadohälften auf 4 Portionsteller verteilen. Mit der Handfläche vorsichtig fächerförmig auseinanderschieben. Mit Zitronensaft beträufeln.

☐ Ein Viertel der Granatapfel-Trauben-Mischung auf jede Avocadohälfte verteilen und das Dressing darübergeben. Jeden Teller mit einigen Minzeblättern garnieren.

AVOCADO-GRANATAPFEL-SALAT.

Desserts

KOMPOTT AUS SOMMERFRÜCHTEN

FÜR 8–10 PORTIONEN

Dies ist einer der einfachsten und vielseitigsten Sommer-Nachtische. Das Kompott kann aus jeder Kombination von weichen Früchten und Beeren hergestellt werden, aber als Basis sollten möglichst Pfirsiche, Nektarinen und Aprikosen verwendet werden. Je weiter der Sommer fortschreitet, desto größer wird natürlich die Auswahl an weichen Früchten und Beeren, auch Kirschen und Trauben passen ausgezeichnet. Man kann auch eine Portion einfrieren, denn der Geschmack von Fruchtkompott an einem kalten Winterabend ist ebenfalls unwiderstehlich. Das Kompott sollte sehr kalt, eventuell mit geschlagener, frischer Sahne serviert werden. Auch zu Vanilleeis schmeckt es köstlich.

- 6 reife Pfirsiche, geschält und in Scheiben geschnitten
- 6 reife Nektarinen oder Pflaumen, in Scheiben geschnitten
- 6 reife Aprikosen, in Scheiben geschnitten
- 1 Zimtstange (nach Belieben)
- Saft einer Zitrone
- 250 g reife Schwarz- oder Süßkirschen
- 1 kg gemischte Beeren wie Erdbeeren (große Früchte halbiert), Himbeeren, Heidelbeeren, Brombeeren, Loganbeeren oder rote Johannisbeeren
- Zucker oder Süßstoff
- Frische Minzeblätter zum Garnieren

☐ Die in Scheiben geschnittenen Pfirsiche, Nektarinen oder Pflaumen und Aprikosen in einen großen Topf geben, der nicht aus Aluminium bestehen sollte. Soviel Wasser, daß die Früchte bedeckt sind, die Zimtstange (nach Belieben) und Zitronensaft zufügen. Bei starker Hitze zum Kochen bringen. Zudecken und bei geringer Hitze 2–3 Min. köcheln; nicht zu stark kochen, da sonst die Früchte zerfallen.

☐ Die Kirschen zugeben und zugedeckt noch 2 Min. köcheln, bis die harten Früchte gerade weich sind und die Kirschen ihre Farbe zu verlieren beginnen. Erdbeeren zugeben und noch 1 Min. köcheln. Die übrigen Beeren zufügen und unter gelegentlichem Rühren 2–3 Min. köcheln, bis die harten Früchte zart sind und die Beeren weich zu werden beginnen. Von der Kochstelle nehmen und abgedeckt 30 Min. stehenlassen.

☐ Nach Geschmack Zucker oder Süßstoff unterrühren. Die Früchte in eine große Servierschüssel füllen und 3–4 Std. oder über Nacht im Kühlschrank aufbewahren. Mit frischen Minzeblättern garnieren.

IM OFEN GEBACKENE QUITTEN

FÜR 8 PERSONEN

Quitten sind bei Juden in Nordafrika und im Nahen Osten beliebt. Sie benötigen zwar eine längere Kochzeit, bis sie weich werden, aber Konsistenz und Duft sind exotisch und verführerisch.

- 250 ml Zitronensaft
- 4 Quitten, geputzt, halbiert und nach Belieben entkernt, aber nicht geschält
- 500 g Zucker
- 1 Zimtstange
- Rosenwasser zum Beträufeln
- Als Beilage: Joghurt (nach Belieben)

☐ Den Zitronensaft in eine flache Backform geben. Die Quittenhälften in die Form legen und wenden, um sie von allen Seiten mit Zitronensaft zu überziehen, damit sie nicht dunkel werden.

☐ 375 g Zucker und die Zimtstange in einen großen Topf geben, der nicht aus Aluminium bestehen sollte. 450 ml Wasser einrühren. Bei starker Hitze zum Kochen bringen und rühren, um den Zucker aufzulösen.

☐ Vorsichtig die Quitten und den Zitronensaft dazugeben und zugedeckt bei geringer Hitze 20–25 Min. köcheln, bis die Quitten gabelweich sind. Den Backofen auf 230° vorheizen.

☐ Die Quittenhälften mit der Anschnittseite nach oben in eine mittelgroße Backform legen und mit dem Sirup übergießen. Mit dem restlichen Zucker bestreuen und in der offenen Form 7–10 Min. backen, bis der Zucker karamelisiert und die Früchte gebräunt und sehr weich sind.

☐ Aus dem Ofen nehmen und auf Zimmertemperatur abkühlen lassen. Mit etwas Rosenwasser beträufeln und nach Belieben mit Joghurt servieren.

KOMPOTT AUS TROCKENFRÜCHTEN

FÜR 10–12 PORTIONEN

Fruchtkompott aus getrockneten Früchten ist bei den Juden in ganz Europa beliebt. Trockenfrüchte waren während der langen Winter jederzeit verfügbar und ergaben ein köstliches Dessert nach einem fleischigen oder milchigen Essen. Man kann jede beliebige Fruchtkombination wählen, und die möglichen Kochflüssigkeiten reichen von Wasser über Tee und Fruchtsaft bis hin zum Wein. Experimentieren Sie damit! Um die natürliche Süße abzuschwächen, sollte man das Kompott mit einer Portion Joghurt oder Sauerrahm servieren. Nach Geschmack kann man Zucker oder Honig zufügen. Den Kombinationsmöglichkeiten der Früchte sind keine Grenzen gesetzt, aber der größte Teil sollte aus Pflaumen und Aprikosen bestehen.

☐ Pflaumen, Aprikosen, Birnen, Pfirsiche, Apfelringe und Rosinen in einen großen Topf geben, der nicht aus Aluminium bestehen sollte. 2 l Wasser oder soviel Wasser, daß die Früchte großzügig bedeckt sind, zugießen.

☐ Nach Geschmack eventuell Zucker oder Honig einrühren und abgeriebene Zitronen- und Orangenschale und deren Saft, Nelken, Zimtstange und nach Belieben Pfefferkörner zugeben. Bei starker Hitze aufkochen. Zugedeckt bei geringer Hitze 20 Min. köcheln, bis das Obst glatt und weich ist.

☐ Nelken, Zimtstange und Pfefferkörner mit einem Schaumlöffel entfernen. Die Früchte in eine Servierschüssel füllen und mit der Flüssigkeit übergießen. 3–4 Std. oder über Nacht kühlen. Als Garnierung geröstete Mandeln über das Obst streuen und mit Joghurt oder Sauerrahm servieren.

- 215 g entsteinte Trockenpflaumen
- 215 g getrocknete weiche Aprikosen
- 215 g getrocknete weiche Birnen
- 100 g getrocknete weiche Pfirsiche
- 100 g getrocknete weiche Apfelringe
- 90 g Rosinen
- 4 EL Honig oder Zucker (nach Belieben)
- Abgeriebene Schale und Saft von einer Zitrone
- Abgeriebene Schale und Saft von einer Orange
- 4–6 ganze Nelken
- 1 Zimtstange
- 1 EL schwarze Pfefferkörner (nach Belieben)
- Geröstete Mandelblättchen

KOCH-TIP

FALLS SIE DEN SIRUP DICKFLÜSSIGER MÖGEN, GEBEN SIE DIE FRÜCHTE IN EINE SERVIERSCHÜSSEL. DIE FLÜSSIGKEIT AUFKOCHEN UND 4–5 MIN. REDUZIEREN. ÜBER DIE FRÜCHTE GIESSEN UND WIE OBEN KÜHLEN. DER SIRUP WIRD BEIM ABKÜHLEN DICKER.

ISRAELISCHES ORANGENSORBET

FÜR 6 PORTIONEN

Zitrusfrüchte sind eines der wichtigsten Exportgüter Israels und das ganze Jahr über erhältlich. Im heißen Klima des Nahen Ostens, aber auch in der übrigen Welt sind Sorbets und Eis besonders beliebt. Nach jedem Essen – ob Fleisch oder Milch – ist das Sorbet ein ideales Dessert, besonders, wenn man etwas Sabra, einen israelischen Schokoladen-Orangen-Likör, über jede Portion träufelt.

- 250 g Zucker
- Abgeriebene Schale und Saft von einer Zitrone
- Abgeriebene Schale von 3 Orangen
- 450 ml frisch gepreßter Orangensaft, gesiebt
- 2 Eiweiß, steif geschlagen
- Frische Minzeblätter zum Garnieren
- Als Beilage: Sabra (oder anderer Orangenlikör)

☐ Zucker, Zitronen- und Orangenschalen und 250 ml Wasser in einen kleinen, schweren Topf geben. Langsam zum Kochen bringen und rühren, bis sich der Zucker aufgelöst hat. 5 Min. kochen, von der Kochstelle nehmen, abkühlen lassen und 3–4 Std. oder über Nacht in den Kühlschrank stellen.

☐ Zitronen- und Orangensaft mit dem gekühlten Sirup mischen und eventuell durch ein Sieb gießen, damit das Sorbet sehr glatt wird.

☐ Bei Verwendung einer Eismaschine nach Anweisung des Herstellers gefrieren lassen.

☐ Andernfalls in eine Metallschüssel füllen und 3–4 Std. lang anfrieren lassen. Die halbgefrorene Mischung in einen Mixer geben und 30–45 Sekunden mixen, bis sie locker und cremig ist. Wieder in die Metallschüssel geben und weitere 1 1/2 Std. gefrieren lassen. Erneut in den Mixer geben und mit dem geschlagenen Eiweiß 1/2 Min. mixen, bis alles gut vermischt, locker und cremig ist. Weitere 3–4 Std. vollständig gefrieren lassen.

☐ 5 Min. bei Zimmertemperatur weich werden lassen, dann mit einem Löffel in Portionsgläser füllen. Mit einigen Minzeblättern garnieren und den Likör dazu servieren, damit sich jeder Gast etwas über sein Sorbet gießen kann.

KOCH-TIP

DURCH DAS STEIF GESCHLAGENE EIWEISS ERHÄLT DAS SORBET EINE WEICHE, CREMIGE KONSISTENZ. WENN SIE EINE »RAUHERE« KONSISTENZ BEVORZUGEN, VERZICHTEN SIE AUF DAS EIWEISS. IM MIXER WERDEN DIE EISKRISTALLE ZERRIEBEN, SO DASS DAS SORBET CREMIGER WIRD.

LOKSCHEN-AUFLAUF MIT FRUCHTFÜLLUNG

FÜR 4 PERSONEN

Eine süße Kugel ist ein altmodisches aschkenasisches Dessert – üppig und schwer. Diese sahnige Variante mit Trockenfrüchten bietet eine köstliche Abwechslung. Durch die Verwendung von Vermicelli oder Suppennudeln wird der Auflauf sehr cremig.

☐ Milch in einem mittelgroßen Topf bei mittlerer bis starker Hitze zum Kochen bringen. Die Nudeln hineingeben und bei geringer Hitze 15 Min. ziehen lassen, bis die Nudeln gerade weich sind und den größten Teil der Milch aufgesogen haben. Etwas abkühlen lassen.

☐ Den Backofen auf 180° vorheizen. Eine 900 ml Back- oder Souffléform leicht einfetten. Eier, Salz, Zitronen- und Orangenschale, Zimt, Muskat und Zucker gut verrühren. Die zerlassene Butter oder Margarine und die Trockenfrüchte dazugeben.

☐ Die gekochte Pasta zur Ei-Mischung geben und unterheben, um die Trockenfrüchte gleichmäßig zu verteilen. In die Backform füllen und mit den Mandeln bestreuen. 40–50 Min. backen, bis ein Messer, das in die Mitte gestochen wird, sauber bleibt.

- 450 ml Milch
- 125 g Vermicelli, Suppennudeln oder dünne Spaghetti
- 2 Eier
- 1/4 TL Salz
- Abgeriebene Schale von einer Zitrone
- Abgeriebene Schale von einer Orange
- 1/2 TL Zimt
- 1/4 TL geriebener Muskat
- 60 g Zucker
- 30 g Butter oder Margarine, zerlassen
- 100 g weiche getrocknete Aprikosen, gehackt
- 45 g entsteinte Datteln, gehackt
- 45 g Sultaninen
- 30 g Mandelblättchen

KOCH-TIP

WENN DER PUDDING CREMIGER WERDEN SOLL, KANN MAN IHN IM WASSERBAD BACKEN. WIE OBEN BESCHRIEBEN VORBEREITEN, DIE SOUFFLÉ-FORM IN EINE FETTPFANNE STELLEN UND DIESE HALB MIT KOCHENDEM WASSER FÜLLEN. DIE FORM IN DEN ERSTEN 25 MIN. DER BACKZEIT ZUDECKEN, DANN ÖFFNEN, DAMIT DIE OBERFLÄCHE UND DIE MANDELN BRAUN WERDEN.

BELIEBTER MATZEN-AUFLAUF

FÜR 6 PERSONEN

Bei diesem Auflauf, der wie ein Nudelauflauf zubereitet wird, werden die Nudeln durch Matzen ersetzt, um ihn für das Pessachfest koscher zu machen. Man kann Zutaten und Gewürze ganz nach dem eigenen Geschmack hinzufügen: der englische Ausdruck »das ist ein richtiger Matzen-Auflauf« bedeutet ein totales Durcheinander oder einen Wirrwarr! Für das Pessachfest sollten alle Zutaten koscher sein.

- 4 Matzen
- 1 Dessert-Apfel oder -Birne, geschält, entkernt und gerieben
- 90 g Rosinen
- 45 g weiche, getrocknete Aprikosen, gehackt
- 60 g Mandeln oder Walnüsse, gehackt und geröstet
- 75 g Zucker
- 1 TL Zimt
- 1/2 TL geriebener Muskat
- 1 EL Honig
- Abgeriebene Schale und Saft von einer Zitrone
- 3 Eier
- 3 EL feines Matzenmehl (Kuchenmehl)
- 125 g neutrale Margarine, zerlassen
- 1 EL Zucker
- 2 EL Orangen- oder Aprikosenmarmelade

☐ Die in kleine Stücke gebrochenen Matzen in eine große Schüssel geben. Mit kaltem Wasser bedecken und 10 Min. stehenlassen, bis sie etwas weich geworden sind. Gut abtropfen lassen und mit einer Gabel zerdrücken, bis sie fast püriert sind.

☐ Den Backofen auf 180° vorheizen. Eine tiefe quadratische Backform mit einer Kantenlänge zwischen 20 und 23,5 cm dünn ausfetten. Geriebenen Apfel oder Birne, Rosinen, Aprikosen und Mandeln oder Walnüsse zum Matzen geben und gut vermischen. Die Hälfte des Zuckers, Zimt, Muskat, Honig, abgeriebene Zitronenschale und -saft unterrühren.

☐ Die Eier mit dem restlichen Zucker in einer mittelgroßen Schüssel 3–5 Min. schlagen, bis sie dick und cremig sind und der Zucker sich aufgelöst hat. Unter die Matzenmischung heben, bis alles gut vermischt ist. Die Hälfte der zerlassenen Margarine unterrühren, in die Backform füllen und die Oberfläche glattstreichen.

☐ Die Oberfläche mit der restlichen Margarine beträufeln und mit 1 EL Zucker bestreuen. 1 Stunde backen, bis ein Messer, das in die Mitte gestochen wird, sauber bleibt und die Oberseite gebräunt und leicht aufgegangen ist.

☐ Orangen- oder Aprikosenmarmelade in einem kleinen Topf bei mittlerer Hitze mit 1 EL Wasser erhitzen. Die Mischung auf den fertigen Auflauf streichen. Den Auflauf vor dem Servieren mindestens 15 Min. abkühlen lassen.

EIN STRASSENHÄNDLER BEIM VERKAUF VON BACKWAREN IN ISTANBUL/TÜRKEI.

EXOTISCHE FRÜCHTE MIT DATTELN

FÜR 6 PERSONEN

Obstsalat ist in jüdischen Familien schon immer ein beliebter Nachtisch, weil er neutral ist und nach fleischigen und milchigen Mahlzeiten gegessen werden kann. Fast alle Saisonfrüchte werden in dünne Scheiben oder in Stücke geschnitten und in ihrem natürlichen Saft oder mit Fruchtpüree serviert. Dieses Rezept ist kein traditioneller Obstsalat, sondern eine Auswahl exotischer Früchte, die in Scheiben geschnitten und auf einem Teller serviert werden. Honigmelonen aus Israel sind genau wie die israelischen Orangen zuckersüß. Datteln sind im ganzen Nahen Osten beliebt, aber in Kalifornien wächst eine ausgezeichnete Sorte, die Medjool-Dattel, die für dieses Gericht empfohlen werden kann.

- 1 Honigmelone, entkernt, in dünne Segmente geschnitten und geschält
- 3 süße, kernlose Orangen, geschält und in Segmente geschnitten, den Saft aufbewahren
- 1 Mango, geschält und in dünne Scheiben geschnitten
- 24 frische Lichis, geschält, oder 1 425-g-Dose Lichis im eigenen Saft
- 12 Medjool-Datteln, der Länge nach halbiert und entsteint
- 1 Granatapfel, halbiert und entkernt (nach Belieben)
- Frische Minzeblätter zum Garnieren

☐ Die Melonensegmente fächerförmig auf 6 Portionstellern anordnen. Die geschälten Orangensegmente und die Mangoscheiben in einem hübschen Muster über die Melonenscheiben legen.

☐ Die Lichis über die Früchte verteilen und etwas von dem aufbewahrten Saft aller Früchte darüberträufeln.

☐ 4 Dattelhälften auf jedem Teller anordnen und nach Belieben die Granatapfelkerne darüberstreuen. Mit frischen Minzeblättern garnieren und servieren.

Kuchen und Gebäck

Plava mit Zitronensoße
Einfache Schokoladen-Roulade für das Pessachfest
Käsekuchen nach New Yorker Art
Lekach
»Jüdischer« Apfelkuchen
Sufganijot
Kokosnuss-Makronen
Hamantaschen
Einfache Zimtbällchen
Walnuss-Rosinen-Rugelach
Marokkanische Butterkekse
Mandelbrot
Pekannuss-Zimt-Brötchen
Einfache und schnelle Babke
Butterkuchen
Bagels
Sesam-Pitabrot
Kubaneh
Roggenbrot nach traditioneller Art
Challah

PLAVA MIT ZITRONENSOSSE

FÜR 6–8 PORTIONEN

Die typischen jüdischen Kuchen für das Pessachfest werden mit Mehl-Ersatzstoffen gebacken. Solche Kuchen wurden von den sephardischen Juden in Spanien, die während der Inquisition nach Griechenland flohen, zur Perfektion entwickelt, aber inzwischen genießen Juden in aller Welt sie. Die beliebtesten Ersatzstoffe sind Kartoffelmehl, sehr feines Matzenmehl, manchmal auch Kuchenmehl genannt, und geriebene Nüsse. Das Ergebnis ist ein leichter, köstlicher Biskuitkuchen, der hier mit einer Zitronensoße serviert wird.

- 6 Eier, getrennt
- 250 g Zucker
- 125 g feines Matzenmehl (Kuchenmehl)
- 60 g fein gemahlene abgezogene Mandeln oder Kartoffelmehl
- 1/4 TL Zimt
- Abgeriebene Schale und Saft von einer Zitrone
- Mandelhälften oder -blättchen zum Dekorieren

SCHAUMIGE ZITRONENSOSSE

- 1 EL Pfeilwurzstärke
- 150 g Zucker
- Abgeriebene Schale und Saft von einer Zitrone
- 2 Eier, getrennt

☐ Den Backofen auf 180° vorheizen. Eine Springform von 21–23,5 cm Durchmesser ausfetten. Die Eidotter mit der Hälfte der Zuckers in einer großen Schüssel mit einem Handrührgerät 3–5 Min. aufschlagen, bis sie dickflüssig und zitronenfarben sind und Fäden ziehen, wenn der Quirl aus der Masse gehoben wird.

☐ Die Eiweiß in einer anderen großen Schüssel mit dem gereinigten Quirl halb steif schlagen. In 3–4 Portionen den restlichen Zucker gut unterschlagen, bis das Eiweiß sehr steif ist.

☐ Matzenmehl, gemahlene Mandeln oder Kartoffelmehl, Zimt und Zitronenschale in einer mittelgroßen Schüssel mischen. Dann die geschlagenen Eiweiß und die Matzenmehl-Mandel-Mischung in 3 Portionen unter das Eigelb heben. Den Zitronensaft sehr vorsichtig unterrühren.

☐ Die Masse in die vorbereitete Form füllen und die Mandelhälften mit 5 cm Abstand in die Oberfläche drücken oder mit Mandelblättchen bestreuen.

☐ 45–55 Min. backen, bis die Oberfläche goldbraun ist und ein Fleischspieß sauber bleibt, wenn er in der Mitte eingestochen wird. Auf ein Kuchengitter stellen und 10 Min. abkühlen lassen. Den Rand vorsichtig mit einem scharfen Messer lösen und den Ring der Kuchenform entfernen. Vollständig abkühlen lassen; der Kuchen kann etwas einsinken.

☐ Die schaumige Zitronensoße zubereiten. Pfeilwurzstärke und Zucker in einem mittelgroßen Topf mischen. Langsam 375 ml Wasser und Zitronenschale und -saft unterrühren, bis die Mischung sämig und glatt ist. Die Eigelb unterschlagen.

☐ Die Mischung bei mittlerer bis geringer Hitze 3–4 Min. kochen, bis sie leicht eindickt. Aufkochen und von der Kochstelle nehmen.

☐ Die Eiweiß in einer mittelgroßen Schüssel mit dem Handrührgerät halb steif schlagen. Vorsichtig unter die Eigelbmasse heben, bis alles gut vermischt ist. Abkühlen lassen, dann mindestens 1 Std. im Kühlschrank gut kühlen. Kalt zum Kuchen servieren.

EINFACHE SCHOKOLADEN-ROULADE FÜR DAS PESSACHFEST

FÜR 10-12 PORTIONEN

Zum Pessachfest, wenn keine Backtreibmittel verwendet werden dürfen, werden oft Biskuitkuchen serviert. Dieser einfache Kuchen eignet sich allerdings für jede Jahreszeit. Wer keine Kastanien mag, kann sie durch gesüßte Schlagsahne oder eine andere Füllung ersetzen.

- 175 g gute Zartbitterschokolade, gehackt
- 60 ml starker Kaffee
- 6 Eier, getrennt
- 75 g Zucker
- 2 TL Vanilleextrakt
- Kakaopulver
- Puderzucker
- *Marrons glacés* zum Garnieren

KASTANIENFÜLLUNG

- 450 ml Schlagsahne
- 2 EL Kaffeelikör oder 2 TL Vanille- oder Rumextrakt
- 450 ml gesüßtes Kastanienpüree aus der Dose

☐ Den Ofen auf 180° vorheizen. Eine flache 38 x 26 cm große Bisquitform mit Butterbrotpapier auslegen, dann das Papier einfetten und mit Mehl bestäuben. In einem kleinen Topf die gehackte Schokolade im Kaffee bei geringer Hitze zerlassen und glattrühren. Beiseite stellen und etwas abkühlen lassen.

☐ Mit einem Handrührgerät die Eigelb und die Hälfte des Zuckers in einer großen Schüssel 4-5 Min. schlagen, bis sie hell und dickflüssig sind. Unter die abgekühlte Schokolade ziehen, bis beides gerade vermischt ist.

☐ In einer anderen Schüssel mit gereinigten Quirlen die Eiweiß halb steif schlagen. Teelöffelweise den restlichen Zucker unterschlagen und nach jeder Zuckerportion gut schlagen, bis die Eiweiß sehr steif sind. Vanilleextrakt unterziehen.

☐ Einen großen Löffel der Eiweißmasse unter die Schokoladen-Eigelb-Mischung rühren, um sie aufzulockern, dann diese unter die restliche Eiweißmasse heben. In die vorbereitete Form geben und glattstreichen. 12-15 Min. backen, bis der Kuchen elastisch zurückspringt, wenn er leicht mit dem Finger eingedrückt wird.

☐ Ein sauberes Geschirrtuch mit Kakaopulver bestäuben. Wenn der Kuchen fertig ist, sofort auf das Geschirrtuch stürzen und das Papier entfernen. Den Kuchen mit dem Geschirrtuch zusammen vom schmalen Ende her wie eine Biskuitrolle aufrollen. Auf dem Kuchengitter vollständig abkühlen lassen.

☐ Die Füllung zubereiten. Sahne und Likör oder Extrakt in einer großen Schüssel halb steif schlagen. Einen großen Löffel Sahne unter das Kastanienpüree rühren, um es zu lockern, dann das Püree unter die restliche Sahne heben. Den Kuchen entrollen und die Kastanienmischung darauf verteilen. Rundherum 2,5 cm Rand lassen. Den Kuchen mit dem Geschirrtuch anheben und wie eine Biskuitrolle aufrollen.

☐ Die Roulade mit Streifen von gesiebtem Puderzucker dekorieren und vorsichtig auf eine lange Servierplatte gleiten lassen. Nach Belieben mit *Marrons glacés* dekorieren.

KÄSEKUCHEN NACH NEW YORKER ART

FÜR 8–10 PORTIONEN

Rezepte mit gebackenem Frischkäse gibt es seit der Erfindung des Quark im Nahen Osten vor vielen Jahrhunderten. Der westliche Käsekuchen, so wie wir ihn kennen, ist möglicherweise ein Abkömmling der russischen Oster-Paschka, einem hohen, zylindrisch geformten Dessert aus selbstgemachtem Hüttenkäse, Eiern, Zucker, Sauerrahm, Butter und gehackten Nüssen. Dieser üppige, säuerliche Käsekuchen schmeckt himmlisch und eignet sich besonders als Nachtisch an Schawuot.

- 20–22 Vollkornkekse, zerstoßen
- 1/2 TL Zimt
- 45 g Butter oder Margarine, zerlassen
- 750 g Frischkäse
- 175 g Zucker
- Abgeriebene Schale von einer Zitrone
- 1 TL Vanilleextrakt
- 3 Eier

SAUERRAHM-GUSS

- 250 ml Sauerrahm
- 2 EL Zucker
- 1 TL Vanilleextrakt

☐ Den Backofen auf 180° vorheizen. Eine Springform von 23,5 cm Durchmesser leicht fetten. Die Keksbrösel, Zimt und Butter oder Margarine in einer mittelgroßen Schüssel mischen. Die Brösel auf den Boden und 4 cm hoch an den Rand der Form drücken. 5 Min. backen, bis sie gerade abbinden. Auf einem Kuchengitter abkühlen lassen.

☐ Den Frischkäse mit dem Zucker in einer großen Schüssel mit einem Handrührgerät bei mittlerer bis kleiner Stufe glattrühren. Zitronenschale und Vanille zugeben, dann die Eier eines nach dem anderen unterschlagen, bis der Teig gut vermischt und glatt ist.

☐ Die Füllung vorsichtig in die abgekühlte Form gießen. 45–50 Min. backen, bis der Rand fest, aber die Mitte noch etwas weich ist. Den Kuchen nicht braun werden lassen, er sollte aufgegangen und hellgoldfarben sein. Den Backofen ausschalten und den Kuchen bei geschlossener Tür noch 1 Std. stehenlassen. (Auf diese Weise vermeidet man, daß die Oberfläche aufspringt.) Auf ein Kuchengitter stellen und abkühlen lassen.

☐ Den Ofen auf 220° schalten. Den Guß zubereiten. Sauerrahm, Zucker und Vanille in einer kleinen Schüssel verrühren. Vorsichtig auf die Oberfläche des Kuchens gießen und wieder in den Ofen stellen. 5 Min. backen. Den Kuchen auf das Kuchengitter setzen und vollständig abkühlen lassen. Über Nacht in den Kühlschrank stellen.

☐ Zum Servieren den Rand mit einem scharfen Messer lösen. Vorsichtig den Ring der Springform entfernen und den Kuchen auf eine Servierplatte heben.

EINER VON VIELEN JÜDISCHEN LEBENSMITTELLÄDEN IN NEW YORK.

VARIANTE

ERDBEER-KÄSEKUCHEN

DEN KÄSEKUCHEN WIE OBEN ZUBEREITEN, ABER VOR DEM SERVIEREN DEN RAND DES KUCHENS MIT ABGEZUPFTEN UND DER LÄNGE NACH HALBIERTEN ERDBEEREN DEKORIEREN. 300 G TIEFGEKÜHLTE, LEICHT GEZUCKERTE ERDBEEREN ODER 500 G FRISCHE, ABGEZUPFTE ERDBEEREN MIT 3 EL ZUCKER NACH BELIEBEN IM MIXER PÜRIEREN. DURCH EIN SIEB STREICHEN UND EVENTUELL ETWAS ZITRONENSAFT ODER WASSER ZUM VERDÜNNEN ZUGEBEN. ZUM KÄSEKUCHEN SERVIEREN.

LEKACH

FÜR 12 PORTIONEN

- 300 g Mehl
- 125 g Vollkornmehl
- 125 g dunkler brauner Zucker
- 1 EL Backpulver
- 1 TL Natriumbicarbonat
- 2 TL gemahlener Ingwer
- 1 TL Zimt
- 1/2 TL Piment
- 60 g Walnüsse oder Mandeln, gehackt und geröstet (nach Belieben)
- 90 g Sultaninen (nach Belieben)
- 425 ml Honig
- 250 ml starker schwarzer Kaffee
- 3 EL Bourbon Whisky, Brandy oder Wasser
- 4 Eier
- 60 ml Pflanzenöl
- 8 EL Ingwerkonfitüre oder gehackte Ingwerwurzel in Sirup aus der Dose
- Puderzucker zum Bestäuben oder Honig für die Glasur

☐ Den Ofen auf 180° vorheizen. Eine 23,5 x 32,5 cm große Kuchenform ausfetten; mit Backpapier auslegen, das Papier einfetten und mit Mehl bestäuben.

☐ Die beiden Mehlsorten, Zucker, Backpulver, Natriumbicarbonat, Ingwer, Zimt und Piment in einer großen Schüssel mischen. Nach Belieben die gehackten Walnüsse oder Mandeln und Sultaninen untermischen. Beiseite stellen.

☐ Den Honig mit dem Kaffee in einem kleinen Topf bei mittlerer bis geringer Hitze erwärmen und von der Kochstelle nehmen. Bourbon Whisky, Brandy oder Wasser unterrühren.

☐ Die Eier mit dem Pflanzenöl in einer großen Schüssel gut verschlagen. Ingwerkonfitüre oder eingelegten Ingwer untermischen. Abwechselnd in 3-4 Portionen die warme Honigmischung und die Mehlmischung unter die geschlagene Eimischung rühren, bis alles gut vermengt ist.

☐ Die Masse in die vorbereitete Form gießen. 1 Std. backen, bis an einem Fleischspieß, der in die Mitte gestochen wird, beim Herausziehen nur einige Krümel hängenbleiben, und die Oberfläche zurückspringt, wenn man mit dem Finger daraufdrückt. Die Form auf ein Kuchengitter stellen und vollständig abkühlen lassen.

☐ Den Kuchen auf ein Gitter stürzen und dann noch einmal auf eine Servierplatte, damit der Kuchen mit der »richtigen« Seite oben liegt. Mit Puderzucker bestäuben oder, wenn Sie einen klebrigen Kuchen bevorzugen, mit leicht erwärmtem Honig bestreichen und zum Servieren in Quadrate schneiden.

Dieser Honigkuchen ist der traditionelle jüdische Neujahrskuchen. Süßen Honig, wie wir ihn kennen, gibt es erst seit römischer Zeit, damals galt er als medizinisch wertvoll und wurde für Feiertage und besondere Gelegenheiten aufbewahrt. Lekach ist das jiddische Wort für Honigkuchen, in Frankreich auch *pain d'épices* (Gewürzbrot) genannt, denn er ist stark mit Ingwer und anderen Gewürzen aromatisiert. Er ähnelt dem deutschen Lebkuchen.

»JÜDISCHER« APFELKUCHEN

FÜR 16–20 PORTIONEN

Ein Apfelkuchen, der mit Öl zubereitet wird, ist an Chanukkah besonders beliebt, weil das Öl das Wunder dieses Tages symbolisiert. Die Schicht saurer Äpfel, die in einem feuchten, süßen, mit Zitrone gewürzten Teig gebacken werden, macht diesen Kuchen besonders delikat

APFELFÜLLUNG

- 1 kg Kochäpfel, geschält, entkernt und in dünne Scheiben geschnitten
- 4 EL Zucker
- 1 TL Zimt
- Abgeriebene Schale und Saft von einer Zitrone

TEIG

- 4 Eier
- 250 g feiner Zucker
- 250 g Pflanzenöl
- 250 g Mehl
- 2 TL Backpulver
- 1 TL Vanilleextrakt

Zucker zum Bestreuen

☐ Den Backofen auf 180° vorheizen. Eine 23,5 x 32,5 cm große Kuchenform ausfetten. In einer großen Schüssel die Apfelstückchen in Zucker, Zimt, Zitronenschale und -saft wenden.

☐ In einer großen Schüssel die Eier und den Zucker mit einem Handrührgerät 3–5 Min. schaumig schlagen, bis sie dick und zitronenfarben sind und beim Herausheben der Quirle Fäden ziehen. Das Öl sorgfältig unterschlagen. Mehl und Vanille einrühren, bis die Mischung gut verrührt und glatt ist.

☐ Die Hälfte der Masse in die vorbereitete Form gießen. Mit einem Löffel die Hälfte der Äpfel über den Teig geben. Die Apfelstückchen mit der restlichen Teigmischung bedecken, und darüber weitere Apfelstücke verteilen. Mit ca. 2 EL Zucker bestreuen.

☐ $1^1/_4$–$1^1/_2$ Std. backen, bis die Äpfel weich sind, der Kuchen goldbraun und aufgegangen ist, und die Oberfläche zurückspringt, wenn sie vorsichtig mit dem Finger eingedrückt wird. Falls die Oberfläche beim Backen zu schnell bräunt, mit Alufolie bedecken. Zum Abkühlen auf ein Kuchengitter stellen. Den Kuchen in Quadrate schneiden und bei Zimmertemperatur servieren.

SUFGANIJOT

FÜR 24 STÜCK

Diese mit Marmelade gefüllten Krapfen wurden von den aschkenasischen Juden in Mittel- und Osteuropa gern gegessen. In Israel sind sie jetzt an Chanukkah sehr beliebt, weil sie in Öl gebacken werden. Fritiertes süßes Gebäck hat bei den sephardischen Juden eine lange Tradition, was möglicherweise mit der Vorliebe der Griechen für Loukomades zusammenhängt, in Honigsirup getauchtes Schmalzgebäck.

- 2 EL Trockenhefe
- 2 EL Zucker
- 300 ml lauwarme Milch
- 4 Eigelb
- 500 g Mehl Type 1050
- 1/4 TL Salz
- Pflanzenöl zum Fritieren
- Pflaumen-, Aprikosen-, rote oder schwarze Johannisbeer-Marmelade
- Feiner Zucker zum Dekorieren

☐ Hefe, Zucker und lauwarme Milch in die Schüssel einer Küchenmaschine mit Knethaken geben. 1 Min. rühren, dann 10–12 Min. stehenlassen, bis die Oberfläche blasig und schaumig ist. Die Eidotter bei geringer Geschwindigkeit unterschlagen.

☐ Mehl und Salz zugeben und rühren, bis ein weicher Teig entsteht. 4–6 Min. kneten, bis der Teig glatt und elastisch ist und an den Teighaken hängenbleibt. Eine Schüssel dünn ausfetten und den Teig hineinlegen und wenden, um ihn mit dem Öl zu bedecken. (Dadurch vermeidet man, daß sich auf der Oberfläche des Teigs eine Kruste bildet.)

☐ Die Schüssel mit einem sauberen Geschirrtuch zudecken und an einem warmen Ort 1 1/2–2 Std. stehenlassen, bis er sich verdoppelt hat. Den Teig auf eine bemehlte Arbeitsfläche legen und etwa 2 cm dick ausrollen. Mit einem runden Ausstecher von 5 cm Durchmesser 24 oder mehr Kreise ausstechen. Mit etwas Mehl bestäuben und mit einem Geschirrtuch bedecken; 20–30 Min. stehenlassen, bis die Teigstücke aufgegangen sind. (Die Reste zusammenkneten und in der Schüssel noch 20–30 Min. aufgehen lassen; erneut ausrollen und ausstechen.)

☐ Eine Friteuse oder einen großen Topf 7,5 cm hoch mit Öl füllen und bei mittlerer bis starker Hitze auf 180°–185° erhitzen. Die Krapfen in Portionen von jeder Seite 3–4 Min. fritieren. Nicht zu viele auf einmal backen, sonst sinkt die Temperatur des Öls und die Krapfen saugen zuviel Öl auf. Mit einem Schaumlöffel herausheben und auf Küchenpapier abtropfen lassen.

☐ Einen kleinen Spritzbeutel mit einem 1,25 cm langen, geraden Aufsatz mit Marmelade füllen. Wenn die Krapfen etwas abgekühlt sind, seitlich einen kleinen Schlitz in jeden Krapfen schneiden. Den Spritzaufsatz in den Krapfen stecken und etwa 1 TL Marmelade in das Innere spritzen.

☐ 125 g Zucker in eine kleine, flache Schüssel geben. Jeden gefüllten Krapfen von allen Seiten im Zucker wälzen. Warm servieren.

DER STIMMUNGSVOLL ERLEUCHTETE INNENRAUM EINER ALTEN SYNAGOGE IN MOSKAU.

KOKOSNUSS-MAKRONEN

FÜR 30 STÜCK

Diese Kokosmakronen sind leichte Pessach-Kekse, die in den Vereinigten Staaten sehr beliebt sind, weil sie sich gut aufbewahren lassen und köstlich schmecken. Natürlich bieten Makronen auch eine gute Gelegenheit, übriggebliebenes Eiweiß aufzubrauchen.

- 4 Eiweiß
- 1/4 TL Weinstein
- 250 g Zucker
- 1 TL Zitronensaft oder weißer Branntweinessig
- 1 TL Vanilleextrakt
- 275 g Kokosflocken

☐ In einer großen Schüssel mit einem Handrührgerät bei mittlerer Geschwindigkeit die Eiweiß schlagen, bis sie schaumig sind. Weinstein zugeben und bei hoher Geschwindigkeit halb steif schlagen. Nach und nach in Portionen von 2 EL den Zucker unterschlagen, nach jeder Portion gut weiterschlagen, bis die Eiweiß sehr steif sind.

☐ Die Eiweiß mit Zitronensaft oder Essig und Vanille beträufeln und mit den Kokosflocken bestäuben. Vorsichtig unterheben, bis alles vermischt ist.

☐ Den Backofen auf 150° vorheizen. 2 Backbleche mit Backpapier auslegen. Mit einem Teelöffel kegelförmige Häufchen in etwa 2,5 cm Abstand auf die Bleche setzen.

☐ 40-45 Min. backen, bis die Makronen leicht gebräunt und in der Mitte noch etwas weich sind. Die Makronen mit dem Papier auf ein Kuchengitter heben und etwas auskühlen lassen. Vorsichtig vom Papier abziehen und vollständig auskühlen lassen. In einer luftdicht schließenden Dose aufbewahren.

HAMANTASCHEN

FÜR 30 STÜCK

Diese kleinen, dreieckigen Kekse heißen auch »Hamans Ohren« und sind zu Purim die traditionelle Süßigkeit der Aschkenasim. Sie können mit Hefeteig oder einem leichten Biskuitteig zubereitet werden. Mohn oder Pflaumen sind die traditionelle Füllung.

BISKUITTEIG

- 150 g weiche Butter oder Margarine
- 125 g Zucker
- 1 Ei
- 3 EL Milch oder Wasser
- 1/2 TL Vanilleextrakt
- 250–300 g Mehl
- 1 TL Backpulver

MOHN-HONIG-FÜLLUNG

- 300 g Mohnsamen, ganz oder gemahlen
- 125 g Honig
- 60 g heller brauner Zucker
- 1/8 TL Salz
- 30 g Walnüsse oder abgezogene Mandeln, fein gehackt (nach Belieben)
- 1 EL Zitronensaft
- 1/2 TL abgeriebene Zitronenschale
- 1 Ei, verquirlt, zum Glasieren (nach Belieben)

VARIANTE

HAMANTASCHEN MIT PFLAUMENFÜLLUNG

DIESE FÜLLUNG, DIE MANCHMAL AUCH LACQUA GENANNT WIRD, IST EIGENTLICH EINE PFLAUMENBUTTER. 300–450 G GEHACKTE, ENTSTEINTE TROCKENPFLAUMEN, ABGERIEBENE SCHALE UND SAFT VON EINER ORANGE UND 250 ML WASSER IN EINEM TOPF MISCHEN. BEI MITTLERER HITZE 5 MIN. WEICHKOCHEN. VON DER KOCHSTELLE NEHMEN UND ETWAS ABKÜHLEN LASSEN. DIE PFLAUMENMISCHUNG VON HAND ZERDRÜCKEN ODER IM MIXER ZU EINER FEINEN PASTE PÜRIEREN. 2 EL PFLAUMEN- ODER APRIKOSEN-MARMELADE UNTERRÜHREN. DEN TEIG WIE OBEN ZUBEREITEN, FÜLLEN UND BACKEN.

☐ Cremige Butter oder Margarine und Zucker in einer mittelgroßen Schüssel mit dem Handmixer glattrühren. Ei, Milch oder Wasser und Vanille zugeben und schlagen, bis alles glatt und cremig ist.

☐ Mehl und Backpulver mischen, dann vorsichtig, aber sorgfältig unter die Buttermasse mischen.

☐ Den Teig auf eine dünn bemehlte Arbeitsfläche geben und verkneten. Eine Kugel formen, flachdrücken und fest in Folie einwickeln. 3–4 Std. oder über Nacht im Kühlschrank vollständig fest werden lassen.

☐ Die Füllung zubereiten. Mohnsamen, 125 ml Wasser, Honig, braunen Zucker und Salz in einem mittelgroßen Topf bei mittlerer bis geringer Hitze 5 Min. unter häufigem Rühren aufkochen, bis die Mischung eine weiche, cremeartige Konsistenz hat. Von der Kochstelle nehmen und etwas abkühlen lassen. Nach Belieben die gehackten Nüsse sowie Zitronenschale und -saft unterrühren.

☐ Den Backofen auf 190° vorheizen. 2 Backbleche dünn einfetten. Den Teig auf eine dünn bemehlte Arbeitsfläche legen und halbieren; eine Hälfte kühl stellen. Den Teig 3 mm dick ausrollen. Mit einem runden Ausstecher von 5 cm Durchmesser so viele Kreise wie möglich ausstechen. Den Rand jedes Teigstücks leicht mit Wasser bestreichen und 1 TL Mohnfüllung in die Mitte geben. Die Ränder an drei Stellen nach oben ziehen, um ein Dreieck zu formen. Die Ränder zusammendrücken, dabei an jeder Seite einen winzigen Spalt lassen.

☐ Die Teigdreiecke im Abstand von 2,5 cm auf ein Backblech legen. Nach Belieben mit Eiglasur bestreichen. 14–18 Min. goldbraun backen. Auf ein Kuchengitter legen und abkühlen lassen. Den letzten Arbeitsschritt mit der zweiten Teigportion wiederholen. Die Kekse in einer luftdicht schließenden Dose aufbewahren.

TAUCHEN UND WINDSURFEN AM ROTEN MEER IN ISRAEL.

EINFACHE ZIMTBÄLLCHEN

FÜR 20 STÜCK

Diese Kekse sind kinderleicht zu backen. Vor allem am Pessachfest werden sie gereicht.

- 250 g abgezogene Mandeln oder Walnüsse, fein gemahlen
- 250 g Zucker
- 1 EL Zimt
- 2 Eiweiß
- $^1/_8$ TL Weinstein
- Puderzucker und Zimt zum Dekorieren

☐ Den Backofen auf 170° vorheizen. Ein großes Backblech dünn einfetten. Gemahlene Mandeln oder Walnüsse, 125 g Zucker und Zimt in einer mittelgroßen Schüssel mischen. Beiseite stellen.

☐ Die Eiweiß in einer anderen mittelgroßen Schüssel mit dem elektrischen Handrührgerät schaumig schlagen. Weinstein zufügen und weiterschlagen, bis die Eiweiß halb steif sind. Eßlöffelweise den restlichen Zucker zugeben und nach jeder Portion gut weiterschlagen, bis das Eiweiß steif und glänzend ist. Vorsichtig unter die Nußmischung heben.

☐ Mit nassen Händen aus dem Teig walnußgroße Bällchen formen. In etwa 2,5 cm Abstand auf das Backblech legen. 25–30 Min. backen, bis die Kekse goldbraun und fest sind. Das Backblech auf ein Kuchengitter stellen und etwas abkühlen lassen.

☐ 125 g Puderzucker und $^1/_4$ TL Zimt in einer kleinen Schüssel sorgfältig mischen. Jedes warme Bällchen in der Mischung wälzen, dann auf dem Kuchengitter vollständig abkühlen lassen. Bei Bedarf mehr Puderzucker und Zimt zugeben. Nach dem Abkühlen jedes Bällchen noch einmal in der Zucker-Zimt-Mischung wälzen.

KOCH-TIP

FALLS DER TEIG ZU WEICH IST, UM BÄLLCHEN ZU FORMEN, ETWAS MEHR GERIEBENE MANDELN ODER ETWAS FEINES MATZENMEHL ZUGEBEN, UM IHN FESTER ZU MACHEN.

WALNUSS-ROSINEN-RUGELACH

FÜR 60 STÜCK

Rugelach zählen in den Vereinigten Staaten zu den beliebtesten jüdischen Gebäcksorten. Diese kleinen gefüllten Halbmonde, die oft mit einem einfachen Frischkäseteig zubereitet werden, schmelzen im Mund. Halbmondförmiges Gebäck war in Wien sehr beliebt, weil es das Symbol des österreichischen Sieges über die Türken gegen Ende des 17. Jahrhunderts war, aber möglicherweise stammen Rugelach auch aus den sephardischen Gemeinden oder denen des Nahen Ostens. Als Füllung eignen sich Mohn, Zimt und Walnüsse, Quark, Schokolade oder einfach Himbeer- oder Aprikosenmarmelade.

FRISCHKÄSETEIG

- 250 g Butter
- 250 g weicher Frischkäse
- 1 EL Zucker
- 2–3 EL Sauerrahm
- 250 g Mehl
- 1/4 TL Salz

FÜLLUNG

- 125 g Sultaninen
- 125 g Walnüsse, fein gehackt
- 2 TL Zimt
- 75 g Zucker

- Milch zum Glasieren
- 2 EL Zucker gemischt mit 1/2 TL Zimt

☐ Weiche Butter und Frischkäse in einer großen Schüssel mit dem elektrischen Handrührgerät (oder mit der Hand) gut vermischen. Zucker dazugeben und glattrühren, dann Sauerrahm unterschlagen und Mehl und Salz dazumischen, so daß ein weicher Teig entsteht. Zu einer Kugel formen und flachdrücken. Den Teig gut in Folie einwickeln und mindestens 2 Std. im Kühlschrank fest werden lassen.

☐ Den Backofen auf 180° vorheizen. 2 große Backbleche dünn einfetten. Sultaninen und Walnüsse in einer kleinen Schüssel mit Zimt und Zucker mischen. Beiseite stellen.

☐ Den Teig auf eine dünn bemehlte Arbeitsfläche legen und in Viertel schneiden. Jeweils ein Viertel bearbeiten, den Rest im Kühlschrank aufbewahren. Ein Viertel des Teiges 3 mm dick ausrollen. Mit dem Boden einer runden Blechform oder Dose von 25 cm Durchmesser einen 25 cm großen Kreis ausstechen. Etwa ein Fünftel der Füllung auf den Teigkreis streuen, dabei am Rand etwa 2,5 cm Platz lassen.

☐ Mit einem scharfen Messer mit langer Klinge den Teigkreis in 10–12 gleich große Segmente zerschneiden. Am Rand beginnend jedes Stück wie eine Biskuitrolle aufrollen. In etwa 2,5 cm Abstand auf das Backblech legen, die Seiten zusammendrücken (damit die Füllung nicht austritt), die Enden nach innen biegen, damit ein Halbmond entsteht.

☐ Jeden Halbmond mit etwas Milch bestreichen und mit ein wenig Zucker-Zimt-Mischung bestreuen.

☐ 20–25 Min. goldbraun backen. Die Gebäckstücke zum Abkühlen auf ein Kuchengitter legen. Mit dem restlichen Teig ebenso verfahren und die Teigreste erneut ausrollen, um noch weitere Kreise auszustechen. In einer luftdicht schließenden Dose aufbewahren.

VARIANTEN

HIMBEER-MANDEL-RUGELACH

125 G GEMAHLENE MANDELN MIT 250 G HIMBEERMARMELADE MISCHEN. VOR DEM ZERSCHNEIDEN DES TEIGKREISES EIN FÜNFTEL DER MISCHUNG AUFSTREICHEN, ETWA 2,5 CM ABSTAND ZUM RAND LASSEN. FORMEN UND BACKEN WIE OBEN.

MOHN-RUGELACH

DIE MOHNFÜLLUNG FÜR HAMANTASCHEN (SIEHE SEITE 112) VORBEREITEN UND EIN FÜNFTEL DAVON VOR DEM ZERSCHNEIDEN AUF JEDEN TEIGKREIS STREICHEN. FORMEN UND BACKEN WIE OBEN.

MAROKKANISCHE BUTTERKEKSE

FÜR 30 STÜCK

Butterkekse, die mit Nüssen aromatisiert werden, findet man in den meisten Landesküchen von Marokko bis Mexiko. Die griechischen Kourabiedes oder Mürbeteigbällchen werden mit Mandeln zubereitet, die österreichischen Kipferl mit Haselnüssen. Diese Kekse, die man in Marokko an Purim ißt, können mit Walnüssen oder Mandeln gebacken werden.

- 250 g weiche Butter
- 250 g Zucker
- 375 g Mehl
- 45 g Walnüsse oder Mandeln, fein gemahlen
- Grob gehackte Walnüsse zum Dekorieren (nach Belieben)

☐ Die Butter in einer großen Schüssel mit einem elektrischen Handrührer in 5–7 Min. weiß und cremig schlagen. Zucker zugeben und 4–5 Min. weiterschlagen, bis die Mischung sehr cremig ist. Mit den Händen Mehl und gemahlene Walnüsse oder Mandeln unterkneten, bis ein weicher Teig entsteht. Falls der Teig zu weich ist, noch etwas Mehl zufügen oder kühl stellen, bis der Teig die richtige Konsistenz hat.

☐ Den Backofen auf 150° vorheizen. 2 große Backbleche dünn mit Mehl bestäuben, aber nicht einfetten. Den Teig mit leicht bemehlten Händen in walnußgroße Stücke teilen und zu glatten Bällchen rollen. Im Abstand von 2,5 cm auf die Backbleche legen. Einige Walnußstücke oben in jedes Bällchen drücken.

☐ 20–30 Min. backen, bis sie fest sind. Die Kekse nicht zu lange backen oder braun werden lassen, sie sollten cremefarben sein. Auf ein Kuchengitter legen und abkühlen lassen. In einer luftdicht schließenden Dose aufbewahren.

MANDELBROT

FÜR 36 SCHEIBEN

Mandelbrot ist der jiddische Name für diese harten, trockenen Mandelkekse, die wie die italienischen *biscotti alla mandorla* zweimal gebacken werden. Wahrscheinlich wurden diese Kekse von spanischen Juden nach Italien eingeführt. Die Kekse schmecken köstlich zu Kaffee oder Tee oder, wie man sie in Italien serviert, zu einem süßen Dessertwein – *vino santo*.

- 300 g Mehl
- 2 TL Backpulver
- 1/4 TL Salz
- 3 Eier
- 250 g Zucker
- 6 EL Pflanzenöl
- Abgeriebene Schale von einer Zitrone
- 1 TL Zitronensaft
- 1/2 TL Mandelextrakt
- 125 g abgezogene ganze Mandeln oder Mandelblättchen, grob gehackt

☐ Den Backofen auf 180°vorheizen. 2 Backbleche einfetten. Mehl, Backpulver und Salz in eine Schüssel sieben. Beiseite stellen.

☐ Eier und Zucker in einer großen Schüssel mit dem elektrischen Handrührer in 3–5 Min. dick und cremig rühren. Öl, Zitronenschale und -saft und Mandelextrakt unterziehen. Mit dem Handrührer bei geringer Geschwindigkeit die Mehlmischung langsam und gründlich untermischen. Die Mandeln unterrühren, bis der Teig glatt ist.

☐ Den Teig auf eine dünn bemehlte Arbeitsplatte geben und leicht kneten. Den Teig halbieren und 2 lange, flache Laibe von etwa 7,5 cm Breite und 2,75 cm Höhe formen. Jeden Laib auf ein Backblech legen und 35–40 Min. goldbraun backen.

☐ Die Laibe aus dem Backofen nehmen und 10–15 Min. abkühlen lassen. Wenn sie so kühl sind, daß man sie anfassen kann, vorsichtig diagonal in 1,25 cm dicke Scheiben schneiden und diese wieder auf das Backblech legen (eventuell in mehreren Portionen). 6–7 Min. backen, bis sie auf der Unterseite goldbraun sind, dann die Scheiben wenden und weitere 5–7 Min. goldfarben backen. Auf ein Kuchengitter legen und vollständig abkühlen lassen.

PEKANNUSS-ZIMT-BRÖTCHEN

FÜR 16 STÜCK

Diese Brötchen sind ein süßes, klebriges, köstliches Gebäck zum Kaffee. Ihr Rezept kommt aus der deutsch-österreichischen Tradition der Hefekuchen, aber inzwischen sind sie auch in den USA überall als Kuchen zur Kaffeepause beliebt.

- 1 EL Trockenhefe
- 2 EL Zucker
- 60 ml lauwarmes Wasser
- 75 ml Milch
- 30 g Butter oder Margarine
- 1/4 TL Salz
- 1 Ei, gut verquirlt
- 2 TL Vanilleextrakt
- 250 g Mehl

PEKANNUSS-ZIMT-MISCHUNG

- 45 g Butter oder Margarine, zerlassen
- 4 EL Sirup
- 150 g heller brauner Zucker
- 1 TL Zimt
- 60 g Pekannüsse, grob gehackt
- 90 g Sultaninen

☐ Hefe, 1 EL Zucker und lauwarmes Wasser in der Schüssel einer Küchenmaschine mit Knethaken mischen. 1 Min. rühren, bis sich die Hefe aufzulösen beginnt. 7–10 Min. stehenlassen, bis sich Blasen auf der Oberfläche bilden und die Mischung schaumig wird.

☐ Milch, Butter oder Margarine, den restlichen Zucker und Salz in einem kleinen Topf bei mittlerer Hitze erwärmen und kurz aufkochen lassen. Abkühlen lassen, bis die Milch nur noch lauwarm ist. In die Hefemischung rühren. Ei und Vanille mit der Maschine bei geringer Geschwindigkeit unterschlagen. Langsam das Mehl zugeben, bis ein glatter Teig entsteht. Den Teig bei mittlerer Geschwindigkeit 3–4 Min. schlagen, bis er glatt und elastisch ist.

☐ Eine Schüssel dünn einfetten und den Teig hineinlegen; wenden, um ihn rundum zu fetten (damit sich an der Oberfläche keine Kruste bildet.) Mit einem sauberen Geschirrtuch abdecken und 1–1 1/2 Std. an einem warmen Ort stehenlassen, bis sich der Teig verdoppelt hat.

☐ Eine quadratische Backform mit 23,5 cm Kantenlänge mit der Hälfte der zerlassenen Butter für die Füllung ausfetten und mit der Hälfte des Sirups beträufeln. Braunen Zucker und Zimt in einer kleinen Schüssel mischen, dann die Hälfte davon über Butter und Sirup am Boden der Form streuen. Mit der Hälfte der Pekannüsse bestreuen.

☐ Den Teig auf eine dünn bemehlte Arbeitsfläche legen und leicht kneten. Zu einem Rechteck von 20 x 40 cm ausrollen. Den Teig mit der restlichen Butter begießen, mit dem restlichen Sirup beträufeln und mit der restlichen Zuckermischung, den Pekannüssen und Sultaninen bestreuen. Den Teig von einer Breitseite her wie eine Biskuitrolle aufrollen.

☐ Die Rolle mit einem scharfen Messer in 2,5 cm dicke Scheiben schneiden und diese mit der Schnittseite nach unten in die Form legen. Mit einem Geschirrtuch bedecken und an einem warmen Ort 1 Std. lang gehen lassen, bis sich der Umfang der Scheiben verdoppelt hat. Den Backofen auf 170° vorheizen.

☐ 35–40 Min. backen, bis sich die Brötchen vom Rand der Form lösen. Auf ein Kuchengitter legen und 2 Min. abkühlen lassen, dann in einer flachen Form oder auf einer Servierplatte anrichten. Mit einer Gabel die Brötchen voneinander lösen. Warm servieren.

Einfache und schnelle Babke

FÜR 8 PORTIONEN

Babke besteht aus einem Hefeteig mit vielen Eiern, der russisch-polnischen Ursprungs ist. Wahrscheinlich gibt es in jedem Land einen ähnlichen Hefekuchen; mit Sicherheit ähnelt er dem deutschen Gugelhupf, der spanischen Bola und dem, was die italienischen Juden Bollo nennen. Egal wie er heißt, dieser Kuchen mit Rosinen, Nüssen und kandierten Zitrusschalen schmeckt jedenfalls köstlich zu Kaffee oder Tee. Dies ist ein sehr einfaches Rezept, bei dem kein Kneten nötig ist und der Kuchen mit einem Rumsirup befeuchtet wird.

- 125 ml Milch
- 60 g Zucker
- 1 EL Trockenhefe
- 60 g weiche Butter oder Margarine
- 3 Eier
- 1 TL Vanille- oder Rumextrakt
- 315 g Mehl Type 1050
- 30 g Mandeln oder Walnüsse, gehackt
- 45 g Rosinen, 10 Min. in heißem Wasser eingeweicht und abgetropft
- 45 g Zitronat oder Orangeat

RUMSIRUP

- 125 g Zucker
- 2 TL Rum- oder Vanilleextrakt

Ein Wohnhaus jemenitischer Juden in Samala/Nordjemen.

☐ Milch und Zucker in einem kleinen Topf bei mittlerer Hitze und unter häufigem Rühren heiß werden lassen, bis die Mischung am Rand Blasen wirft und der Zucker sich aufgelöst hat. Abkühlen lassen, bis die Milch nur noch lauwarm ist.

☐ Hefe und die Hälfte der Milch-Zucker-Mischung in die große Schüssel einer Küchenmaschine geben und 1 Min. rühren, bis die Hefe sich aufgelöst hat. Die restliche Milch und Butter oder Margarine, die nicht zerlassen sein müssen, unterrühren.

☐ Mit dem Mixer bei mittlerer Geschwindigkeit Eier, Vanille- oder Rumextrakt und Mehl unterrühren, bis der Teig weich und glatt ist. Die Schüssel mit einem sauberen Geschirrtuch zudecken und 1–1 1/2 Std. an einem warmen Ort stellen, bis der Teig gut aufgegangen ist.

☐ Eine Ringform von 23,5 cm Durchmesser einfetten und mit Mehl bestäuben. Mandeln oder Walnüsse, Rosinen und Zitronat oder Orangeat mit einem Holzlöffel oder der Handfläche unter den Teig arbeiten. In die vorbereitete Form füllen.

☐ Mit einem Geschirrtuch bedecken und an einem warmen Ort 50–60 Min. stehenlassen, bis der Teig beinahe den oberen Rand der Form erreicht hat. Den Backofen auf 180° vorheizen.

☐ 30–40 Min. backen, bis die Oberfläche braun ist und sich beim Berühren fest anfühlt.

☐ Währenddessen den Sirup zubereiten. In einem kleinen Topf Zucker mit 125 ml Wasser mischen und bei starker Hitze zum Kochen bringen, rühren, um den Zucker aufzulösen. Von der Kochstelle nehmen und Rum- oder Vanilleextrakt unterrühren.

☐ Wenn der Kuchen fertig ist, auf ein Kuchengitter legen und die Oberfläche sofort mit einer Gabel perforieren. Langsam den Sirup über den noch heißen Kuchen gießen.

☐ Den Kuchen 1 Std. ruhen lassen, bis der Sirup aufgesogen ist. Den Kuchen vorsichtig auf eine Servierplatte heben und warm oder bei Zimmertemperatur servieren.

BUTTERKUCHEN

FÜR 10–12 PORTIONEN

Traditionelle Kuchen, wie man sie in Deutschland und Österreich zum Kaffee ißt, zeigen deutlich, welche Art von Kuchen die mittel- und osteuropäischen Juden bevorzugten. Sie wurden von deutschen Immigranten in die Vereinigten Staaten gebracht, und die besten findet man noch immer in alten deutsch-jüdischen Bäckereien.

- 2 EL Trockenhefe
- 175 g Zucker
- 60 ml lauwarme Milch
- 175 g weiche Butter oder Margarine
- 3 Eier, verquirlt
- 250 ml Sauerrahm
- Abgeriebene Schale von einer Zitrone
- 1 TL Vanilleextrakt
- 675 g Mehl Type 1050
- 1 TL Salz

FÜLLUNG

- 45 g Butter oder Margarine, zerlassen
- 1 EL Zimt
- 175 g Zucker
- 175 g Sultaninen
- 90 g Zitronat

GLASUR

- 3–4 EL Puderzucker
- 1–2 TL Zitronensaft

☐ Hefe, 2 EL Zucker und lauwarme Milch in einer kleinen Schüssel mischen. 1 Min. rühren, bis die Hefe sich aufgelöst hat. 7–10 Min. stehenlassen, bis sich an der Oberfläche Blasen bilden und die Mischung schaumig wirkt.

☐ Die cremige Butter oder Margarine und den restlichen Zucker in der Schüssel einer Küchenmaschine mit Schlagquirlen in 2–3 Min. glattrühren. Eier, Sauerrahm, Zitronenschale, Vanille und Hefemischung unterschlagen.

☐ Die Schlagquirle säubern und durch Teighaken ersetzen. Bei geringer Geschwindigkeit langsam Mehl und Salz zugeben und rühren, bis sich ein weicher Teig bildet. Die Geschwindigkeit auf mittlere Stufe erhöhen und 5–7 Min. kneten, bis der Teig weich und elastisch ist.

☐ Eine Schüssel dünn einfetten. Den Teig in die Schüssel legen und wenden, um ihn mit Fett zu überziehen. (Auf diese Weise bildet sich an der Oberfläche keine Kruste.) Die Schüssel mit einem feuchten Geschirrtuch abdecken und 2–2 1/2 Std. an einem warmen Ort stehenlassen, bis sich der Teig verdoppelt hat. (Oder den Teig mit einem Geschirrtuch bedecken und über Nacht in den Kühlschrank stellen, damit er sehr langsam aufgeht.)

☐ Ein großes Backblech dünn einfetten. Den Teig auf eine dünn bemehlte Arbeitsfläche legen und 1,25 cm dick zu einem Rechteck von mindestens 60 cm Kantenlänge ausrollen. Mit der zerlassenen Butter für die Füllung bestreichen. Zimt und Zucker in einer kleinen Schüssel mischen und auf den Teig streuen. Mit Sultaninen und Zitronat bestreuen.

☐ Von der Breitseite aus den Teig wie eine Biskuitrolle aufrollen und die Enden aufeinanderlegen. Die Enden zusammendrücken, damit sich ein Ring bildet, und den Teig auf das Backblech legen. Mit einem scharfen Messer oder einer Schere vom äußeren Rand bis zur Mitte schräg im Abstand von 7,5 cm einschneiden. (Dadurch geht der Teig gleichmäßiger auf, die Füllung wird sichtbar, und es entsteht eine dekorative Form.) Mit einem Geschirrtuch abdecken und 1 1/2–2 Std. an einem warmen Ort gehen lassen, bis sich die Größe des Ringes verdoppelt hat.

☐ Den Backofen auf 190° vorheizen. In 40–45 Min. goldbraun backen. Den Kuchen zum Abkühlen auf ein Kuchengitter legen.

☐ Puderzucker in eine kleine Schüssel sieben. 2 EL Wasser und Zitronensaft einrühren, um einen Guß herzustellen. Wenn nötig, mit etwas Wasser verdünnen. Den warmen Kuchen damit beträufeln, und diesen auf eine Servierplatte legen. Warm servieren.

BAGELS

FÜR 12 STÜCK

Bagels sind runde Brötchen mit einem Loch in der Mitte, sie symbolisieren den ständigen Kreislauf des Lebens. Es ist schwer, die Ursprünge des Bagels auszumachen, aber wahrscheinlich stammen sie aus Polen oder Österreich, denn das Wort Bagel könnte vom deutsch-österreichischen Wort *Beugel* stammen, einer Bezeichnung für ein Hörnchen, die sich wohl von »(Steig)bügel« ableitet, oder von dem deutsch-jiddischen *Bejgel,* das einen gebogenen Ring oder Reif bezeichnet. Wo auch immer der Name herstammt, der Bagel ist sicherlich eine der beliebtesten »jüdischen« Brotsorten und wird zu Frühstück, Brunch oder Brotzeit gegessen. Am liebsten ißt man ihn mit Frischkäse und Räucherlachs, aber heute gibt es ihn mit jeder Sandwichfüllung.

Der originale, einfache Bagel (Wasser-Bagel) wird mit Klebermehl gebacken und kurz in Wasser pochiert, um den Stärkegehalt zu senken, bevor er glasiert und gebacken wird. So bekommt der Bagel seine typische zähe Konsistenz. Die Zugabe von Eiern zum Teig war eine amerikanische Erfindung, genauso wie die verschiedenen Geschmacksvarianten wie Pumpernickel, Zimt-Rosinen, Mohn, Zwiebel, Knoblauch oder Pizza! In den Vereinigten Staaten gibt es in allen großen Städten Bagel-Bäckereien. In Kanada streitet man sich darüber, ob es in Montreal oder in Toronto die besten Bagels gibt.

Die besten Bagels in London werden im East End gebacken. Zwar sind vor kurzem die jüdischen Einwohner weggezogen, und jetzt leben dort Immigranten aus Bangladesch, aber ein Laden ist geblieben, und dort wird noch immer der altmodische, zähe Bagel verkauft.

- 1 EL Trockenhefe
- 2 EL Zucker
- 60 ml Pflanzenöl oder 60 g Margarine
- 1 TL Salz
- 500 g Mehl Type 1050
- 1 Ei, verquirlt (nach Belieben)
- 1 Ei, verquirlt, zum Glasieren
- Mohn- oder Sesamsamen (nach Belieben)

VARIANTE

BAGEL CHIPS

EINEN TAG ALTE BAGELS DER LÄNGE NACH IN ETWA 6 MM DICKE SCHEIBEN SCHNEIDEN. MIT ZERLASSENER BUTTER ODER ÖL BESTREICHEN UND NACH BELIEBEN MIT SESAM- ODER MOHNSAMEN BESTREUEN. AUF EINEM GEFETTETEN BACKBLECH IM VORGEHEIZTEN BACKOFEN BEI 190° 4–5 MIN. BACKEN, BIS DIE SCHEIBEN GEBRÄUNT UND KNUSPRIG SIND. AUF EINEM KUCHENGITTER ABKÜHLEN LASSEN. IN EINER LUFTDICHT SCHLIESSENDEN DOSE AUFBEWAHREN.

☐ Hefe und 1 EL Zucker in einer kleinen Schüssel mischen. Den restlichen Zucker mit Pflanzenöl oder Margarine, Salz und 250 ml Wasser in einem kleinen Topf bei mittlerer Hitze heiß werden lassen und durch Rühren gut vermischen. Die Hefe-Zucker-Mischung zugeben und 1–2 Min. rühren, bis sie sich aufgelöst hat. 5–7 Min. stehenlassen, bis die Oberfläche blasig wird.

☐ Mehl in einen Mixer geben. Bei laufendem Mixer die Flüssigkeit langsam in das Mehl gießen, bis sich eine Teigkugel formt. Das Ei mit der Flüssigkeit zugeben. Noch 1 Min. mixen. Der Teig sollte glatt und nicht klebrig sein. Falls der Teig zu weich ist, noch etwas Mehl zufügen und weitere 30 Sekunden mixen.

☐ Eine Schüssel dünn mit Öl ausstreichen und den Teig in die Schüssel legen; wenden, um ihn mit Öl zu überziehen. (Dadurch wird verhindert, daß sich auf der Oberfläche eine Kruste bildet.) Die Schüssel mit einem sauberen Geschirrtuch zudecken und den Teig 1½–2 Std. an einem warmen Ort gehen lassen, bis er sich verdoppelt hat.

☐ Den Teig auf eine dünn bemehlte Arbeitsfläche legen und 2–3 Min. kneten. In 12 gleich große Stücke teilen. Aus jedem Stück eine etwa 14 cm lange Rolle formen, die Enden etwas naß machen und einen Ring bilden, indem man sie fest zusammendrückt. Die Ringe auf ein großes, leicht bemehltes Backblech legen. Mit einem Geschirrtuch zudecken und 20–30 Min. gehen lassen, bis sich ihr Umfang verdoppelt hat.

☐ Den Backofen auf 200° vorheizen. Wasser in einem großen Topf bei starker Hitze aufkochen und köcheln lassen. Vorsichtig 3–4 Bagels ins Wasser gleiten lassen und 1 Min. kochen. Auf Küchenpapier heben und abtropfen lassen; nacheinander alle Bagels kochen.

☐ 2 große Backbleche dünn einfetten. 6 gekochte Bagels auf jedes Backblech legen, mit etwas Eiglasur bestreichen und nach Belieben mit Mohn- oder Sesamsamen bestreuen. Die Bagels 20 Min. braun und knusprig backen. Auf einem Kuchengitter abkühlen lassen. Warm servieren oder vollständig auskühlen lassen und vor dem Servieren bei Bedarf aufwärmen.

SESAM-PITABROT

FÜR 12 STÜCK

Pita ist ein flaches Brot aus dem Nahen Osten, es wird gelegentlich auch Taschenbrot genannt. Im Nahen Osten wird es überall frisch gebacken; in den Vereinigten Staaten und Großbritannien wird es durch die dort lebenden Griechen und Inder immer beliebter. Damit es so schmeckt, als sei es in einem Lehmofen gebacken worden, sollte man ein rundes Backblech oder eine gußeiserne Pfanne verwenden. Dieses Brot ist ideal für alle, die auf ihre Figur achten müssen, denn es schmeckt köstlich, enthält aber kein Fett.

- 500 g Mehl Type 1050
- 1 TL Salz
- 1 EL Trockenhefe
- 1 TL Zucker
- 375 ml lauwarmes Wasser
- Sesamsamen zum Wälzen

KOCH-TIP

GEKAUFTE PITABROTE ZUM AUFWÄRMEN AUF EIN BACKBLECH LEGEN UND IM VORGEHEIZTEN BACKOFEN BEI 200° 2–3 MIN. BACKEN, BIS SIE HEISS UND AUFGEGANGEN SIND.

☐ Mehl und Salz in einem Mixer 2–3 Sekunden vermischen.

☐ Hefe, Zucker und 125 ml Wasser in einem Meßbecher oder einer mittelgroßen Schüssel 1–2 Min. verrühren, bis sich die Hefe aufgelöst hat. 10–12 Min. stehenlassen, bis die Oberfläche blasig und schaumig aussieht.

☐ 250 ml lauwarmes Wasser unter die Hefemischung rühren. Bei laufendem Mixer die Hefeflüssigkeit nach und nach zum Mehl gießen. Falls der Teig zu trocken wirkt, noch eßlöffelweise etwas Wasser zugeben und mixen, bis sich eine Teigkugel bildet. 1 Min. weiterrühren.

☐ Eine Schüssel dünn mit Öl ausstreichen, den Teig hineingeben und wenden, um ihn mit Öl zu überziehen. (Auf diese Weise bildet sich keine Kruste auf der Oberfläche.) Den Teig mit einem feuchten Geschirrtuch abdecken und an einem warmen Ort $1^1/_2$–2 Std. gehen lassen, bis er sich verdoppelt hat.

☐ Den Teig auf eine dünn bemehlte Arbeitsfläche geben und leicht kneten. Den Teig zu einer langen, dicken Rolle formen und in etwa 12 gleich große Stücke schneiden. Aus jedem Stück eine glatte Kugel rollen, falls nötig, die Oberfläche mit Mehl bestäuben. Die Kugeln auf ein bemehltes Backblech legen und mit einem Geschirrtuch zudecken. Etwa 30 Min. gehen lassen, bis sich ihr Umfang verdoppelt hat.

☐ Sesamsamen etwa 1,25 cm hoch in eine kleine Schüssel geben. Jede Kugel in Sesam wälzen, bis sie gut bedeckt ist; falls nötig, mehr Sesam in die Schüssel geben. Auf einer dünn bemehlten Arbeitsfläche aus jeder Kugel einen Kreis von 12,5–15 cm Durchmesser formen.

☐ Den Backofen auf 230° vorheizen. 2 große Backbleche dünn mit Mehl bestäuben. 3–4 Teigkreise auf jedes Backblech legen und etwa 3 Min. backen, bis sie braun zu werden beginnen. Wenden und in 2–3 Min. hellbraun backen. Den restlichen Teig backen. Servieren.

AN DER KLAGEMAUER IN JERUSALEM WIRD ZUM JÜDISCHEN NEUJAHRSFEST DAS *SCHOFAR* (WIDDERHORN) GEBLASEN.

KUBANEH

FÜR 8 PORTIONEN

Dieses süße jemenitische Brot wird am Schabbat gegessen. Es ist ein weiches, halb gedämpftes Brot, das mit Marmelade oder Kompott oder, wie es die Jemeniter bevorzugen, mit einem scharfen Chutney oder Zhug, einer Dipsoße aus Chili, gegessen werden kann. Kubaneh kann im Backofen oder auf dem Herd in einer Pfanne mit sehr schwerem Boden gebacken werden.

- 1 EL Trockenhefe
- 6 EL Zucker
- 500 ml lauwarmes Wasser
- 500 g Mehl Type 1050
- 1 TL Salz
- $1/2$ TL Zimt oder gemahlener Ingwer
- Weiche Margarine oder Butter zum Einfetten

☐ Hefe, 1 TL Zucker und 125 ml lauwarmes Wasser in die Schüssel einer Küchenmaschine mit Teighaken geben. 1–2 Min. rühren, bis sich die Hefe aufgelöst hat. Die Hefemischung 5–7 Min. stehenlassen, bis sie an der Oberfläche blasig und schaumig wird.

☐ Mehl, Salz und Zimt oder Ingwer in einer großen Schüssel mischen. 375 ml lauwarmes Wasser mit der Küchenmaschine bei geringer Geschwindigkeit unterschlagen.

☐ Bei geringer Geschwindigkeit der Küchenmaschine die Mehlmischung nach und nach zur Hefemischung geben, bis sich ein weicher Teig bildet. Falls er zu klebrig ist, etwas Mehl zugeben. Bei mittlerer Geschwindigkeit 5–7 Min. kneten, bis der Teig sehr glatt, aber immer noch weich ist.

☐ Eine Schüssel dünn mit Öl ausstreichen. Den Teig in die Schüssel geben und wenden, um ihn mit Öl zu bedecken. Mit einem sauberen Geschirrtuch zudecken und an einem warmen Ort $1^1/_2$–2 Std. gehen lassen, bis er sich verdoppelt hat.

☐ Den Teig auf eine dünn bemehlte Arbeitsfläche geben und leicht kneten, um die Luft herauszuschlagen. Wieder in die Schüssel geben, abdecken und an einem warmen Ort noch einmal 1 Std. gehen lassen.

☐ Den Backofen auf 170° vorheizen. Eine Springform von 25 cm Durchmesser dick mit 45–60 g weicher Butter oder Margarine ausfetten. Den Teig auf eine dünn bemehlte Arbeitsfläche geben und leicht kneten, um die Luft herauszuschlagen. Den Teig in 8 Stücke teilen. Jedes Stück zu einer Kugel rollen. Die Kugeln so auf den Boden der Form legen, daß sie sich gerade berühren. Die Form zudecken und an einem warmen Ort noch einmal 30 Min. gehen lassen, bis die Kugeln einen Ring bilden.

☐ Ein Stück Folie, das groß genug ist, um die Form abzudecken, dick einfetten. Damit die Form sorgfältig verschließen. $1^1/_4$–$1^1/_2$ Std. backen, bis sich das Brot von den Seiten der Form löst. Die Folie vorsichtig entfernen, dabei zunächst ein Stück am hinteren Rand anheben, damit der Dampf entweichen kann. Nach Belieben noch 15–20 Min. backen, damit die Oberfläche bräunt. Warm servieren.

FRISCHES GRIECHISCHES BROT, MIT LIEBE GEBACKEN.

ROGGENBROT NACH TRADITIONELLER ART

FÜR 2 LAIBE

In Amerika assoziiert man Roggenbrot so sehr mit jüdischem Essen, daß der amerikanische Brothersteller Levy den Werbespruch prägte: »Man muß kein Jude sei, um das Brot von Levy zu essen.« Eigentlich ist Roggenbrot gar nicht unbedingt jüdisch, aber die russischen und polnischen jüdischen Bäcker, die während der großen Einwanderungswelle Ende des 19. Jahrhunderts in die Vereinigten Staaten kamen, buken nach den Rezepten ihrer alten Heimat, und ihr Brot gewann mehr und mehr Liebhaber.

Roggenmehl hat wenig Kleber, daher muß Weizenmehl beigemischt werden, um es lockerer zu machen und zu verhindern, daß es krümelt. Teig mit Roggenmehl ist nicht leicht zu verarbeiten, daher ist eine Küchenmaschine nützlich.

- 5 Tassen Weizenmehl
- 3 Tassen Roggenmehl
- 2 TL Salz
- 2 Päckchen (2 EL) Trockenhefe
- 1 TL Zucker
- 2 EL Kümmel
- 1/3 Tasse Pflanzenöl
- 2 1/2 Tassen lauwarmes Wasser
- 1 Ei, verquirlt, oder 2 EL Butter oder Margarine, zerlassen, zum Glasieren

VARIANTE

DEN TEIG WIE OBEN ZUBEREITEN, ABER ZWEI LÄNGLICHE, NICHT RUNDE LAIBE FORMEN. NACH DEM GLASIEREN EINSCHNEIDEN UND ZUSÄTZLICH MIT 1 EL KÜMMEL BESTREUEN.

☐ Beide Mehlsorten und Salz in einer großen Schüssel mischen. Beiseite stellen. In der Schüssel einer Küchenmaschine mit Teighaken Hefe, Zucker und Kümmel mischen. Öl und eine Tasse lauwarmes Wasser zugeben. Rühren und dabei mit etwas Mehl bestäuben. Die Schüssel mit einem sauberen Geschirrtuch zudecken und 10–12 Min. stehenlassen, bis die Mischung leicht schaumig und blasig aussieht.

☐ Die Küchenmaschine auf geringe Geschwindigkeit schalten, 1 1/2 Tassen lauwarmes Wasser zugießen und unterrühren. Nach und nach das Mehl zugeben; wenn es vollständig untergemischt ist, wird der Teig klebrig. Möglicherweise bleibt etwas Mehl übrig. Die Küchenmaschine auf mittlere Geschwindigkeit schalten und den Teig 5–7 Min. kneten, bis er um die Teighaken eine weiche Kugel formt und sich vom Schüsselrand löst. Falls der Teig sehr klebrig bleibt, noch etwas Weizenmehl zugeben und 2 Min. weiterkneten. (Nicht zuviel Mehl zugeben, sonst wird das Brot zu fest.)

☐ Eine Schüssel dünn einfetten und den Teig hineinlegen; den Teig wenden, um ihn mit Öl zu bedecken. (Auf diese Weise wird vermieden, daß sich auf der Oberfläche eine Kruste bildet.) Die Schüssel mit einem Geschirrtuch zudecken und den Teig an einem warmen, nicht zugigen Ort 1 1/2–2 Std. gehen lassen, bis er sich verdoppelt hat.

☐ Ein großes Backblech dünn einfetten. Den Teig auf eine dünn bemehlte Arbeitsfläche legen und vorsichtig kneten, um die Luft herauszuschlagen. Noch etwas länger kneten, dann den Teig in zwei Hälften schneiden und jede Hälfte zu einer glatten, runden Kugel formen. Jeden Laib in eine Ecke des Backblechs legen, etwas abflachen und mit einem Geschirrtuch zudecken. Die Laibe noch 1 Std. gehen lassen, bis sich ihre Größe beinahe verdoppelt hat.

☐ Den Backofen auf 180° vorheizen. Die Laibe mit Eiglasur oder zerlassener Butter oder Margarine bestreichen. Die Oberfläche jedes Laibs mit einem scharfen Messer 2–3mal einschneiden. 35–40 Min. backen, bis sie gut gebräunt sind und hohl klingen, wenn man gegen die Unterseite klopft. Auf einem Kuchengitter abkühlen lassen. (So wird vermieden, daß die Unterseite weich wird.)

FRISCHE BAGUETTES IN EINER LÄNDLICHEN BÄCKEREI IN DER NORMANDIE/FRANKREICH.

CHALLAH

FÜR 2 LAIBE

Challah ist das traditionelle Eier-Hefeteig-Brot in Zopfform, das am Schabbat und anderen jüdischen Feiertagen serviert wird. In der Regel wird der Zopf geflochten, außer an Rosch HaSchana. Für diesen Tag wird ein besonderer, spiralförmiger Laib gebacken, der das Greifen nach dem Himmel in der Hoffnung auf ein glückliches neues Jahr symbolisiert. Es ist das beliebteste Eierteig-Brot in den Vereinigten Staaten und auch das vielseitigste, weil es mit seiner weichen, kuchenartigen Konsistenz zu den meisten Speisen paßt.

- 1 EL Trockenhefe
- 1 EL Zucker
- 75 ml lauwarmes Wasser
- 1 TL Salz
- 5 EL Pflanzenöl
- 2 Eier, verquirlt
- 750 g Mehl Type 1050, gesiebt
- 1 Ei, mit einer Prise Salz und einer Prise Zucker verquirlt, zum Glasieren
- Sesam- oder Mohnsamen

VARIANTE

FÜR DIE TRADITIONELLE ROSCH HASCHANA SPIRALE DEN TEIG WIE BESCHRIEBEN VORBEREITEN, ABER JEDE TEIGHÄLFTE ZU EINER ROLLE VON 60 CM LÄNGE UND 2,5 CM DURCHMESSER FORMEN. EIN ENDE DER TEIGROLLE FESTHALTEN UND DEN TEIG UM SICH SELBST DREHEN, BIS ER EINE KONZENTRISCHE SPIRALE BILDET. DIESE IN DIE OBERE LINKE ECKE DES BACKBLECHS LEGEN UND DAS TEIGENDE UNTER DIE SPIRALE SCHIEBEN. MIT DER ZWEITEN TEIGHÄLFTE EBENSO VERFAHREN. DIE SPIRALE IN DIE UNTERE RECHTE ECKE DES BACKBLECHS LEGEN UND WIE DIE LAIBE BACKEN.

☐ Hefe und Zucker in der Schüssel einer Küchenmaschine mit Teighaken mischen. Das Wasser unterrühren. Die Oberfläche mit etwas Mehl bestäuben. Mit einem sauberen Geschirrtuch zudecken und 10–12 Min. stehenlassen, bis die Mischung leicht schaumig und blasig ist.

☐ Die Küchenmaschine auf geringe Geschwindigkeit schalten und Salz, Öl und Eier gründlich unterschlagen. Nach und nach das Mehl zugeben; wenn es vollständig untergerührt ist, ist der Teig etwas klebrig. Die Geschwindigkeit auf mittlere Stufe schalten und 5–7 Min. kneten, bis der Teig um die Teighaken eine Kugel formt und sich vom Schüsselrand löst. Falls der Teig klebrig bleibt, noch etwas Mehl zugeben und 2 Min. länger kneten. (Nicht zuviel Mehl zufügen, ein weicherer Teig ergibt ein feuchteres Brot.)

☐ Eine große Schüssel dünn ausfetten. Den Teig hineingeben und wenden, um ihn mit Öl zu benetzen. (Auf diese Weise wird vermieden, daß sich an der Oberfläche eine Kruste bildet.) Mit einem sauberen Geschirrtuch zudecken und 1½–2 Std. an einem mäßig warmen, zugfreien Ort gehen lassen, bis sich der Teig verdoppelt hat; der Platz sollte nicht zu warm sein, sonst wird die Konsistenz ungleichmäßig.

☐ Den Teig auf eine dünn bemehlte Arbeitsfläche geben und vorsichtig kneten. Wieder in die Schüssel legen, gut zudecken und 6–8 Std. oder über Nacht in den Kühlschrank stellen, um den Teig beim zweiten Mal sehr langsam aufgehen zu lassen. (Wenn der Teig langsam aufgeht, wird die Konsistenz locker und gleichmäßig.)

☐ Den Teig auf eine dünn bemehlte Arbeitsfläche geben und vorsichtig kneten. Eine Kugel formen und diese in zwei gleich große Stücke schneiden.

☐ Ein großes Backblech dünn einfetten. Zunächst die erste Hälfte des Teigs verarbeiten, in drei gleich große Stücke schneiden und diese zu Kugeln rollen. Aus jeder Kugel eine lange Rolle von etwa 45 cm Länge und 2,5 cm Breite formen. Die drei Rollen zu einem Zopf flechten und auf eine Seite des Backblechs legen, dabei die Enden unter den Laib schieben. Mit dem restlichen Teig ebenso verfahren und den zweiten Laib formen.

☐ Die Laibe mit einem sauberen Geschirrtuch zudecken und an einem warmen Ort 1 Std. gehen lassen, bis sich ihre Größe fast verdoppelt hat. Den Backofen auf 190° vorheizen.

☐ Jeden aufgegangenen Laib mit Eiglasur bestreichen und mit Sesam- oder Mohnsamen bestreuen. 40 Min. backen, bis die Laibe gut gebräunt sind und hohl klingen, wenn man gegen die Unterseite klopft. Auf ein Kuchengitter legen und abkühlen lassen.